Collection dir

10 TEXTES EXPLIQUÉS

Candide
(1759)

VOLTAIRE

PASCAL DEBAILLY
Ancien élève de l'École normale supérieure
Agrégé de l'Université

SOMMAIRE

© HATIER, PARIS, Février 1992   ISSN 0750-2516   ISBN 978-2-218-**74073**-2

1 Extrait du chapitre 1

Il y avait en Westphalie, dans le château de monsieur le baron de Thunder-ten-tronckh, un jeune homme à qui la nature avait donné les mœurs les plus douces. Sa physionomie annonçait 5 son âme. Il avait le jugement assez droit, avec l'esprit le plus simple ; c'est, je crois, pour cette raison qu'on le nommait Candide. Les anciens domestiques de la maison soupçonnaient qu'il était le fils de la sœur de monsieur le baron, et d'un bon 10 et honnête gentilhomme du voisinage, que cette demoiselle ne voulut jamais épouser, parce qu'il n'avait pu prouver que soixante et onze quartiers, et que le reste de son arbre généalogique avait été perdu par l'injure du temps.

15 Monsieur le baron était un des plus puissants seigneurs de la Westphalie, car son château avait une porte et des fenêtres. Sa grande salle même était ornée d'une tapisserie. Tous les chiens de ses basses-cours composaient une meute dans le be-20 soin ; ses palefreniers étaient ses piqueurs ; le vicaire du village était son grand aumônier. Ils l'appelaient tous Monseigneur, et ils riaient quand il faisait des contes.

Madame la baronne, qui pesait environ trois cent 25 cinquante livres, s'attirait par là une très grande considération, et faisait les honneurs de la maison avec une dignité qui la rendait encore plus respectable. Sa fille Cunégonde, âgée de dix-sept ans,

---

1. Ces intertitres, sauf au chapitre 4, ne sont pas de Voltaire ; ils donnent l'idée d'ensemble du texte.

était haute en couleur, fraîche, grasse, appétis-
30 sante. Le fils du baron paraissait en tout digne de
son père. Le précepteur Pangloss était l'oracle de
la maison, et le petit Candide écoutait ses leçons
avec toute la bonne foi de son âge et de son caractère.
35 Pangloss enseignait la métaphysico-théologo-
cosmolonigologie. Il prouvait admirablement qu'il
n'y a point d'effet sans cause, et que, dans ce
meilleur des mondes possibles, le château de monseigneur le baron était le plus beau des châteaux,
40 et madame la meilleure des baronnes possibles.

■■■■■ INTRODUCTION

Ce texte, qui ouvre le roman, décrit la société du
château de Thunder-ten-tronckh, où naît Candide, le héros.
Elle se présente comme un « paradis terrestre », qui ser-
vira de référence tout au long du récit. Plus tard, le jeune
homme s'affranchira de cet univers qu'au début il juge parfait ; en attendant, il accepte sans broncher l'ordre établi,
représenté politiquement par le baron et idéologiquement
par Pangloss. Des failles cependant apparaissent dans ce
monde : elles rendent possible l'évolution du héros et
inaugurent le combat que Voltaire entreprend contre les
impostures du pouvoir nobiliaire et contre le dogmatisme
intellectuel, incarné par la *philosophie optimiste* [doctrine
inspirée du philosophe allemand Leibniz suivant laquelle
nous vivons dans le plus heureux des mondes possibles ;
le mal n'est qu'une apparence, car il s'inscrit dans la logique d'une « harmonie préétablie » qui justifie tout]. Trois
axes directeurs pourront guider notre approche : l'utilisa-
tion du schéma traditionnel du conte, l'illusion du pouvoir
nobiliaire, l'illusion de la philosophie optimiste.

DU CONTE TRADITIONNEL AU CONTE PHILOSOPHIQUE

L'ouverture d'un conte

Le roman commence comme un conte merveilleux, une fiction simple et limpide, destinée à séduire l'imaginaire. La formule : « Il y avait... » (l. 1) rappelle le début des contes de fées (« Il était une fois »). Nous entrons dans un « château » (l. 1.), décor par excellence des rêves de bonheur et des aventures extraordinaires. Tout y est excessif. L'usage fréquent du superlatif – « les mœurs les plus douces » (l. 4), l'esprit le plus simple » (l. 6), le plus beau des châteaux » (l. 39) – implique un univers de perfection qui échappe à nos lois habituelles. Certaines expressions comme « injure du temps » (l. 14) imitent l'outrance propre au genre.

Les noms propres

La schématisation des personnages réduits à une seule qualité (candeur, orgueil, bavardage, sensualité) est une autre caractéristique du conte, où tous les rôles sont stéréotypés : le roi, la princesse, la fée, la sorcière, etc. Le choix des noms propres répond à cette simplification. Ce sont en général des noms-portraits, dont l'étymologie ou les sonorités annoncent le trait dominant.

Candide s'appelle du nom même de sa principale caractéristique : il aborde le monde avec innocence et crédulité, acceptant naïvement l'ordre établi. Il est toujours dans une attitude passive : « on le nommait Candide » (l. 7) ; « le petit Candide écoutait » (l. 32-34). Cette *candeur* implique cependant aussi l'idée de pureté : le jeune homme a « le jugement assez droit » (l. 5). La confrontation de cet esprit bon, honnête et juste avec un monde livré à l'omniprésence du mal sera le moteur de la contestation voltairienne dans le roman. En cela la candeur du héros aura une fonction révélatrice et critique.

Thunder-ten-tronckh, avec ses allitérations en *t*, lourdes et cacophoniques, tourne en dérision la lignée du baron ; l'étymologie de *Thunder* – qui veut dire en anglais « tonnerre » – ridiculise ironiquement ses prétentions.

Pangloss est un nom composé du mot grec *pan* (= tout) et *glossa* (= langue). Non seulement Pangloss parle *tout le temps*, mais il cherche à *tout justifier* par le discours.

Quant à *Cunégonde*, « haute en couleur, fraîche, grasse, appétissante » (l. 29-30), elle apparaît d'emblée comme une jeune fille au tempérament sensuel, une « friandise », qui sera plutôt conduite par le plaisir des sens que par sa fidélité pour Candide ou le souci de garder son rang.

À part Candide qui évoluera, tous ces personnages sont des marionnettes aux mains d'un conteur qui les manipule en fonction de ses intentions philosophiques.

Un conte philosophique

Ce conte en effet ne correspond pas à la tradition du genre. C'est un *conte philosophique*, qui vise, au-delà de l'intrigue et des péripéties, à communiquer un point de vue problématique sur le monde. Voltaire s'efforce moins de susciter notre imaginaire que d'éveiller notre esprit critique. La présence de détails réalistes court-circuite le merveilleux. Dès les premiers mots du roman – « Il y avait en Westphalie » (l. 1) –, le terme « *Westphalie* », nom d'une vraie province allemande, nous ramène à la simple réalité et actualise le propos.

L'excès du grotesque empêche le lecteur d'adhérer totalement à la fiction. Ainsi, en accolant au terme noble de « baron » le nom ridicule de « Thunder-ten-tronckh », Voltaire enlève aussitôt toute dignité à cette lignée. Le débat mesquin autour de la bâtardise de Candide et le portrait de la baronne vont dans le même sens.

Voltaire en outre intervient directement dans le récit. La courte incise : « je crois », dans la phrase : « c'est, je crois, pour cette raison qu'on le nommait Candide » (l. 6), introduit un doute sur la réalité décrite. De cette façon, l'auteur nous invite à prendre une distance critique et à dépasser les apparences pour les remettre en question.

L'ironie

Cette remise en question s'effectue principalement par l'ironie, l'arme favorite de Voltaire. Elle consiste à faire semblant de croire vraie une proposition manifestement fausse, mais de telle manière que le lecteur ou l'interlocuteur perçoive un désaccord flagrant entre ce qui est énoncé et la vérité. Ce moyen indirect de dénigrement permet de tourner en ridicule un adversaire et de faire ressortir, par exemple, le scandale de ses thèses. Ainsi, lorsque Voltaire écrit à propos de Pangloss : « Il prouvait admirablement qu'il n'y a point d'effet sans cause » (l. 36-37), il feint avec l'adverbe « admirablement » d'être d'accord avec Pangloss, mais c'est pour mieux faire éclater l'ineptie de sa démonstration, car c'est une évidence en général inutile à exprimer « qu'il n'y a point d'effet sans cause ». Parfois l'ironie est plus subtile. Quand Voltaire écrit : « Le fils du baron paraissait en tout digne de son père » (l. 30-31), l'adjectif « digne » est à prendre au second degré : la phrase ne veut pas dire que le fils avait la même dignité que son père, mais qu'il avait les mêmes défauts que lui.

■■■■■ L'ILLUSION DU POUVOIR NOBILIAIRE

Une présentation tendancieuse

L'étude de la structure du texte met déjà en valeur le projet critique de l'auteur. Tous les membres de la société de Thunder-ten-tronckh sont passés en revue : le premier paragraphe nous présente Candide (l. 1. à 14) ; le second décrit le baron (l. 15 à 23) ; le troisième évoque brièvement le reste de la famille (l. 24 à 34) ; le dernier s'attache plus particulièrement à Pangloss et à sa philosophie (l. 35 à 40). Mais cette description d'une famille noble ne respecte pas l'ordre hiérarchique et protocolaire : Candide, le *bâtard*, est présenté avant le baron ; Cunégonde est décrite avant son frère. L'étiquette eût voulu que l'on commençât par le baron, que l'on continuât par sa femme, son fils, sa fille, et que l'on finît avec le *bâtard*. En perturbant l'ordre habituel des préséances, Voltaire introduit un doute sur la légitimité du pouvoir des Thunder-ten-tronckh et suggère qu'il repose seulement sur des apparences.

Un univers fondé sur des apparences

Pour Voltaire en effet, la noblesse est, en cette fin du XVIIIe siècle, un monde figé dans ses préjugés et ses prétentions. Il s'attaque en l'occurrence aux généalogies dont les nobles aimaient à s'enorgueillir. Ainsi Candide est présenté comme un bâtard, parce que son père n'a « pu prouver que soixante et onze quartiers » de noblesse (l. 12-13) alors que les Thunder-ten-tronckh en ont soixante-douze, comme nous l'apprendrons au chapitre 15[1]. La démesure du nombre et l'accumulation dans la même phrase (l. 7 à 14) de quatre propositions subordonnées dénoncent la pesanteur et la sotte vanité des préjugés aristocratiques.

Voltaire fait par ailleurs de la noblesse du baron et de la baronne un simple titre qui n'est fondé sur aucune grandeur réelle. Pour cela, il explique leur pouvoir par des raisons absurdes. Ainsi, la proposition principale : « Monsieur le baron était un des plus puissants seigneurs de la Westphalie » (l. 15-16) est aussitôt anéantie par la raison ridicule qui justifie cette puissance : « car son château avait une porte et des fenêtres » (l. 16-17). De même, la baronne s'attire « une très grande considération » (l. 25-26), non pour sa noblesse ou son mérite, mais à cause de ses « trois cent cinquante livres » (l. 24-25), soit environ cent soixante-quinze kilos. Cet usage absurde de la causalité est très habile, puisqu'il tend à montrer que le pouvoir des nobles n'est fondé que sur des signes extérieurs futiles et dérisoires.

La noblesse du baron n'existe en fait que dans son esprit. L'illusion est entretenue par les flatteries de ses valets qui « l'appelaient tous Monseigneur » et qui « riaient

---

1. Les « quartiers » désignent ici l'ensemble des ascendants nobles dont on peut se prévaloir.

quand il faisait des contes (l. 21-23). « Monseigneur » est en principe une appellation réservée aux princes, aux ducs ou aux gouverneurs des provinces. L'illusion apparaît aussi dans une série de phrases parallèles traduisant le passage de la vérité au mensonge : « Tous les chiens de ses basses-cours composaient une meute dans le besoin [= en cas de besoin] ; ses palefreniers étaient ses piqueurs ; le vicaire du village était son grand aumônier » (l. 18-21). Les « palefreniers » sont des valets qui soignent les chevaux. Les « piqueurs » sont les valets de meute pour la chasse à courre. Grand aumônier est le titre du premier aumônier de la cour des rois de France.

■■■■■ L'ILLUSION DE LA PHILOSOPHIE OPTIMISTE

L'usage perverti du rapport de causalité

La critique de la philosophie optimiste de Pangloss rejoint celle de la noblesse. Ce que Voltaire attaque en elle, c'est sa prétention à imposer au monde un ordre qui ne repose sur aucune réalité. Elle a pour principe que « Tout va pour le mieux dans le meilleur des mondes possibles ». Mais pour en faire une application systématique, Pangloss est amené à énoncer de faux rapports logiques. Ses démonstrations sont toujours un abus du rapport de causalité. Ainsi, dans la dernière phrase, Pangloss déclare que « le château de monseigneur le baron était le plus beau des châteaux » (l. 38-39), parce que nous vivons dans le « meilleur des mondes possibles » (l. 38). Mais le lien qui unit la cause à la conséquence est tout à fait artificiel et gratuit, car la base du système de Pangloss (nous vivons dans le « meilleur des mondes possibles ») est arbitraire : elle est énoncée sans preuves et imposée par un abus d'autorité intellectuelle. Le danger s'aggrave encore, quand, à partir de cette base erronée, Pangloss construit des raisonnements qui ont l'apparence de la logique et peuvent justifier n'importe quoi. Cette vision déformante des choses et cet usage trompeur de la causalité permet-

tent en tout cas à Pangloss de cautionner intellectuelle-
ment – et de rassurer – une société aristocratique qui se
repaît d'illusions.

La satire des systèmes a priori

À travers la dénonciation de ce dogmatisme, Voltaire
s'en prend à toutes les formes de systèmes de pensée *a
priori*, qui plaquent sur le monde des catégories préexis-
tant à son analyse et interprètent la réalité sans tenir
compte des faits. Ces systèmes sont caricaturalement ré-
sumés par la science que Pangloss est censé enseigner :
« la métaphysico-théologo-cosmolonigologie » (l. 35-36).
La « métaphysique » est une entreprise intellectuelle qui a
pour objet les domaines échappant à l'expérience
concrète comme Dieu, l'au-delà, l'origine du monde ou le
sens du mal. La « théologie » est l'étude des questions religieuses, à partir des textes sacrés, des dogmes et de la
tradition. La « cosmologie » est la science, souvent fan-
tasque à l'époque, des lois de l'univers. Pour Voltaire, le
danger de ces systèmes est qu'ils fournissent du monde
une vision abstraite qui néglige les données élémentaires
du réel. L'introduction de « nigo », homonyme de
« nigaud », dans « métaphysico-théologo-cosmolo*nigo*lo-
gie », la cascade comique des *o* et la longueur étouffante
de ce mot à rallonges discréditent une science, qui apparaît comme une hypertrophie du pédantisme et de la prétention intellectuelle.

■■■■■ CONCLUSION

Ce texte liminaire contient tous les fondements d'un
roman d'éducation. Il nous présente le milieu dans lequel
Candide, encore adolescent, évolue, avant de passer peu
à peu à l'âge adulte au cours du récit à venir. Son apprentissage s'exerce dans trois domaines : la formation intellectuelle, l'éducation sentimentale et l'intégration dans la
société : autrement dit, la philosophie, l'amour et le pouvoir, représentés chacun par un personnage : Pangloss,
Cunégonde et le baron. Mais ce texte est aussi un mode

d'emploi pour une lecture philosophique de l'histoire. Le canevas habituel des commencements de conte est perverti en vue de disposer le lecteur à saisir le contenu critique du texte. D'emblée en effet, Voltaire s'attaque au monde aristocratique : bien que les nobles offrent toutes les apparences du pouvoir, ils n'en ont plus la réalité. Il épingle aussi l'optimisme de Pangloss, philosophe nuisible, dont Candide mettra tout le roman à se détacher. Cette dénonciation allègre des impostures n'est pas gratuite ; elle vise à promouvoir la vraie philosophie aux yeux de Voltaire, celle des « Lumières »[1].

---

1. On appelle « philosophie des Lumières » le grand mouvement intellectuel qui traverse le XVIIIᵉ siècle. Cette philosophie lutte pour construire une civilisation où l'homme puisse trouver le bonheur et la liberté, en épanouissant toutes ses virtualités. Fondée sur l'autorité de la raison et de l'expérience, elle s'oppose à l'obscurantisme et au fanatisme des religions, au despotisme et à l'arbitraire des monarchies absolues, au dogmatisme et à l'idéalisme des systèmes *a priori*.

2 **Extrait du chapitre 3**

[La guerre]

Rien n'était si beau, si leste, si brillant, si bien ordonné que les deux armées. Les trompettes, les fifres, les hautbois, les tambours, les canons, formaient une harmonie telle qu'il n'y en eut jamais
5 en enfer. Les canons renversèrent d'abord à peu près six mille hommes de chaque côté ; ensuite la mousqueterie ôta du meilleur des mondes environ neuf à dix mille coquins qui en infectaient la surface. La baïonnette fut aussi la raison suffisante de
10 la mort de quelques milliers d'hommes. Le tout pouvait bien se monter à une trentaine de mille âmes. Candide, qui tremblait comme un philosophe, se cacha du mieux qu'il put pendant cette boucherie héroïque.
15 Enfin, tandis que les deux rois faisaient chanter des *Te Deum*, chacun dans son camp, il prit le parti d'aller raisonner ailleurs des effets et des causes. Il passa par-dessus des tas de morts et de mourants, et gagna d'abord un village voisin ; il était en
20 cendres ; c'était un village abare que les Bulgares avaient brûlé, selon les lois du droit public. Ici des vieillards criblés de coups regardaient mourir leurs femmes égorgées, qui tenaient leurs enfants à leurs mamelles sanglantes ; là des filles, éventrées
25 après avoir assouvi les besoins naturels de quelques héros, rendaient les derniers soupirs ; d'autres, à demi brûlées, criaient qu'on achevât de leur donner la mort. Des cervelles étaient répandues sur la terre à côté de bras et de jambes coupés.
30 Candide s'enfuit au plus vite dans un autre village : il appartenait à des Bulgares ; et les héros abares l'avaient traité de même.

■■■■ SITUATION

Après avoir été chassé du « paradis » de Thunder-ten-tronckh, Candide est enrôlé dans l'armée bulgare. Au début du chapitre 3, il assiste à une bataille à laquelle il ne comprend rien.

■■■■ COMPOSITION ET MOUVEMENT

La composition de ce texte oppose deux images de la guerre. Dans le premier paragraphe, elle est considérée avec les préjugés philosophiques de Candide : elle apparaît comme un jeu séduisant qui confirme les théories de Pangloss.

Mais bientôt, dans la deuxième partie du passage, il en découvre la réalité concrète et absurde. Le bel ordre initial fait alors place au chaos. Les vérités auxquelles croyait le héros sont brutalement remises en question.

La guerre des soldats de plomb
(l. 1 à 14)

L'humour du premier paragraphe vient de ce que Voltaire adopte le point de vue naïf et intellectuel du jeune philosophe. La bataille se présente à lui d'une manière esthétique, comme « une harmonie » (l. 4). Le mot renvoie en outre à la doctrine de « l'harmonie préétablie » de Leibniz : dans cette perspective, la guerre cesse d'être absurde, car elle s'inscrit dans la logique d'une volonté providentielle qui veille au destin des hommes.

L'accumulation des adjectifs et la répétition de l'adverbe intensif « si » traduisent l'émerveillement de Candide devant la beauté et la symétrie du spectacle : « si beau, si leste, si brillant, si bien ordonné » (l. 1-2). Cette harmonie visuelle devient ensuite auditive avec le concert d'instruments qui suggère l'image d'une guerre joyeuse.

Mais Voltaire introduit déjà des dissonances qui altèrent ce bel ordre. D'abord, on note une progression des instruments vers les sons graves : des « trompettes » et des « fifres », on passe aux « tambours » (l. 2-3) ; de plus, dans cette accumulation d'instruments de musique, se glisse ironiquement le mot « canon » (l. 5) ; enfin, « une harmonie telle qu'il n'y en eut jamais en enfer » (l. 4-5) rappelle malicieusement des expressions comme « un bruit d'enfer » ou « un bruit de tous les diables » qui vont précisément à l'encontre de l'idée d'harmonie.

Candide semble assister non pas à un massacre, mais à une bataille de soldats de plomb. Le verbe « renversèrent » (l. 5) suggère une armée d'automates avec lesquels on s'amuse. L'imprécision désinvolte : « à peu près six mille hommes » (l. 5-6) traduit avec humour le regard détaché du jeune philosophe.

Voltaire continue à faire semblant d'adopter à travers lui la logique de la guerre qui devient une œuvre utile et équitable, dans le « meilleur des mondes » (l. 7), car elle permet d'éliminer les « coquins » (l. 8). Tout le passage est une illustration des leçons de Pangloss. La guerre est débarrassée de son horreur par un langage qui la justifie. La tournure philosophique « ôta du meilleur des mondes » (l. 7) est un euphémisme trompeur [l'euphémisme est une figure de style qui consiste à adoucir par l'expression une idée désagréable] ; en évitant le terme juste qui serait « tuer », elle tend à inscrire la guerre dans un ordre naturel. La formule « raison suffisante » (l. 9) appartient au système de Leibniz : il s'agit du principe selon lequel rien n'arrive sans qu'il y ait une cause ou du moins une raison déterminante. Là encore, la réalité atroce des faits est niée par un vocabulaire pédant et théorique. Quant à l'évaluation vague et désinvolte : « Le tout pouvait bien se monter à une trentaine de mille âmes » (l. 10-12), elle confirme que pour l'élève de Pangloss la guerre n'a rien de choquant et se réduit à un simple décompte de victimes ; l'expression « le tout » ajoute à la déshumanisation des individus en les transformant en choses.

Dans la dernière phrase du paragraphe, le point de vue change : Voltaire intervient directement. Par la proposition relative en forme de proverbe : « Candide, qui tremblait comme un philosophe » (l. 12-13), il se moque de son héros et avec lui des intellectuels qui manquent de courage face à la réalité. Mais surtout, la guerre est pour Voltaire « une boucherie héroïque » (l. 14). Dans cette vigoureuse alliance de mots [on appelle ainsi le rapprochement de deux termes contradictoires], l'adjectif « héroïque » est dévalorisé, car l'accent de la phrase porte sur le mot cru et indigné : « boucherie ». Ce jugement sévère fait de l'héroïsme guerrier une fausse valeur et amorce la satire violente qui va être développée dans la seconde partie du texte.

La réalité horrible de la guerre
(l. 15 à 32)

La deuxième partie du passage contraste avec le début : à l'ordre et à l'élégance (« Rien n'était si beau... ») succède une impression de dislocation et de chaos. Voltaire commence par s'en prendre à la religion qui sert ici de légitimation aux atrocités dont se rendent coupables les rois. Le « *Te Deum* » [chant d'action de grâces destinées à remercier Dieu] est chanté en même temps dans les deux camps après la bataille (l. 16) : cela prouve, pour Voltaire, que la religion n'est pas digne de foi puisqu'elle se fait partout complice de l'infamie ; elle apporte en outre une caution facile à toutes les horreurs de la guerre, en les replaçant dans la logique d'une intention divine.

Candide, qui ne comprend rien, prend « le parti d'aller raisonner ailleurs des effets et des causes » (l. 16-17). « Aller raisonner ailleurs » est un euphémisme, une manière polie, mais aussi moqueuse, de dire qu'il déserte ; quant à l'expression « des effets et des causes », elle appartient encore au langage de Leibniz et de Pangloss qui prétendent malgré les évidences donner une cause logique et acceptable au mal et à la guerre.

Commence alors un tableau réaliste qui va remettre en question la belle assurance du jeune homme. Les deux armées ont rompu leur ordre initial pour laisser place à « des tas de morts et de mourants » (l. 18). Puis Candide arrive chez les civils et découvre l'horreur. Voltaire critique au passage, avec l'expression ironique « selon les lois du droit public » (l. 21), une idée courante à son époque : la guerre était considérée par certains comme un droit justifiant les massacres de civils. Il évoque alors successivement tous ceux qui, sans défense, pâtissent de la guerre : vieillards, femmes, enfants, jeunes filles (l. 22-24). À leur sujet, il accumule, d'une façon macabre, des détails crus et anatomiques : « cervelles » « répandues » (l. 28-29), « bras » et « jambes coupés » (l. 29) ; par leur pathétique, il suscite chez le lecteur un sentiment d'indignation et de pitié. La rime en *é* des participes passés rythme l'horreur : « criblés » (l. 22), « égorgées » (l. 23), « éventrées » (l. 24), « brûlées » (l. 27).

En découvrant ce monde qui ne répond pas à ses préjugés, Candide prend la fuite. Dans l'autre camp, il rencontre les mêmes atrocités (l. 30-32). La rime en « -ares », dans les noms « Abares » et « Bulgares », souligne la symétrie et l'universalité de la cruauté. Notons que « Abares » et « Bulgares » riment avec « barbares ». Voltaire revient en outre sur la dénonciation des prétendus « héros » guerriers (l. 26 et l. 31) qui affirment leur pouvoir sur des gens sans défense.

■■■■■ CONCLUSION

Ce texte est une satire célèbre de la guerre. Pour cela, Voltaire utilise l'*ironie*, en faisant semblant, dans le premier paragraphe, d'adopter le point de vue naïf de Candide qui contemple la bataille à travers les idées de Pangloss. Il a recours ensuite au *réalisme* : la belle harmonie initiale dégénère en spectacle d'épouvante. Ce contraste, qui opère chez le jeune héros une prise de conscience, répond à la démarche fondamentale de tout roman d'éducation ; c'est par la comparaison des faits et de ses préjugés qu'il évolue et mûrit. La satire de la guerre touche aussi les philosophes, dont les idées sectaires et dogmatiques peuvent justifier les plus grandes horreurs. Elle remet enfin en cause l'idéologie des aristocrates, qui considéraient l'héroïsme guerrier comme l'apanage de la noblesse. Le conte et la fiction collaborent ainsi au mouvement des Lumières, qui dénonce la guerre comme une barbarie destructrice, contraire aux progrès de la civilisation.

3 Extrait du chapitre 6

[L'auto-da-fé]

Après le tremblement de terre qui avait détruit les trois quarts de Lisbonne, les sages du pays n'avaient pas trouvé un moyen plus efficace pour prévenir une ruine totale que de donner au peuple
5 un bel auto-da-fé ; il était décidé par l'université de Coïmbre que le spectacle de quelques personnes brûlées à petit feu, en grande cérémonie, est un secret infaillible pour empêcher la terre de trembler.
10 On avait en conséquence saisi un Biscayen convaincu d'avoir épousé sa commère, et deux Portugais qui en mangeant un poulet en avaient arraché le lard ; on vint lier après le dîner le docteur Pangloss et son disciple Candide, l'un pour avoir
15 parlé, et l'autre pour avoir écouté avec un air d'approbation ; tous deux furent menés séparément dans des appartements d'une extrême fraîcheur, dans lesquels on n'était jamais incommodé du soleil : huit jours après il furent tous deux revêtus
20 d'un *san-benito*, et on orna leurs têtes de mitres de papier : la mitre et le san-benito de Candide étaient peints de flammes renversées, et de diables qui n'avaient ni queues ni griffes ; mais les diables de Pangloss portaient griffes et queues, et les
25 flammes étaient droites. Ils marchèrent en procession ainsi vêtus, et entendirent un sermon très pathétique, suivi d'une belle musique en faux-bourdon. Candide fut fessé en cadence, pendant qu'on chantait ; le Biscayen et les deux hommes qui
30 n'avaient point voulu manger de lard furent brûlés,

et Pangloss fut pendu, quoique ce ne soit pas la coutume. Le même jour, la terre trembla de nouveau avec un fracas épouvantable.

██████ INTRODUCTION[1]

Le texte se situe dans la première partie du roman, au moment où Candide vit des expériences cruelles qui remettent en question son optimisme aveugle. Déçu par l'Europe où il ne rencontre que des horreurs, il décide de partir pour l'Amérique en compagnie de son maître Pangloss. Tous deux prennent le bateau ; mais ils font naufrage et débarquent à Lisbonne où, après un terrible tremblement de terre, ils sont condamnés par le tribunal de l'Inquisition pour avoir tenu des propos hérétiques [l'Inquisition était un organisme judiciaire de l'Église chargé de réprimer l'hérésie, c'est-à-dire toute forme de doctrine ou d'opinion contraire au catholicisme]. L'université de Coïmbre, petite ville du Portugal, décide alors, pour remédier aux tremblements de terre, d'organiser un auto-da-fé [cérémonie solennelle où l'on exécutait les hérétiques condamnés par l'Inquisition]. Dans ce passage, Voltaire attaque donc violemment l'Inquisition. Nous étudierons son combat sous trois aspects : la mise en scène, les objectifs, les armes.

██████ LA MISE EN SCÈNE

Voltaire ne fait pas un procès en règle de l'Inquisition en accumulant gravement les griefs ; il invente un univers de fantaisie qui, à partir des données du réel, satisfait l'imagi-

---

1. Pour faciliter la compréhension du commentaire, l'idée centrale de chaque partie est indiquée par un titre. Il est évident que ces indications ne doivent jamais figurer sur la copie. Il en est de même des explications de mots difficiles qui sont données entre crochets.

nation. Il met en scène un spectacle où les personnages évoluent à son gré, d'une façon alerte et plaisante.

Cela se traduit en premier lieu par le rythme rapide de l'action. En quelques lignes s'accumulent une foule d'événements, que l'on peut classer en quatre actes principaux : la décision d'organiser un auto-da-fé (l. 1-9), la réunion des accusés (l. 10 à 18), le déroulement de la cérémonie (l. 18-28), l'exécution de la sentence (l. 28-32). Seuls sont retenus les faits essentiels. Parfois ils sont simplement juxtaposés : par exemple, on passe directement de la prison à la procession, les deux points faisant l'économie d'une période sans intérêt pour l'action : « tous deux furent menés séparément dans des appartements d'une extrême fraîcheur, dans lesquels on n'était jamais incommodé du soleil : huit jours après ils furent tous deux revêtus d'un *san-benito* » (l. 16-20). Cette allure vive rend l'ironie plus incisive ; elle donne au récit plus de légèreté et d'efficacité : le lecteur est constamment tenu en haleine.

Voltaire se plaît par ailleurs à décrire d'une manière facétieuse des coutumes qui donnent au spectacle plus de pittoresque et d'étrangeté. Il s'amuse à faire l'ethnologue et s'attache en particulier à détailler la coiffure d'infamie que portent les condamnés : le san-benito. Il raffine avec malice sur la disposition des « flammes » et des « diables » : « la mitre et le san-benito de Candide étaient peints de flammes renversées, et de diables qui n'avaient ni queues ni griffes ; mais les diables de Pangloss portaient griffes et queues, et les flammes étaient droites » (l. 21-25). La direction des flammes annonce, on l'apprend plus loin, la peine de mort si elles sont « droites », ou la remise de cette peine si elles sont « renversées ». Dans son reportage, l'auteur feint même de s'étonner qu'on ne brûle pas Pangloss comme les autres : « [Il] fut pendu, quoique ce ne soit pas la coutume » (l. 31-32). La raison de cette dérogation sera donnée au chapitre 28 : un orage éteignant le bûcher, Pangloss est pendu. Il échappera malgré tout à la mort.

La mise en scène se traduit enfin par des changements de points de vue. Au début du texte, Voltaire fait semblant de prendre celui des inquisiteurs. Ensuite, il adopte la vision naïve de Candide : la prison se transforme en « appartements d'une extrême fraîcheur, dans lesquels on n'était jamais incommodé du soleil » (l. 17-19). Par l'emploi de cet euphémisme, la prison devient un endroit plaisant qui répond à l'optimisme du jeune philosophe ; l'Inquisition apparaît alors comme un organisme de bienfaisance plein de gentillesse et de sollicitude pour les prisonniers. Dans la dernière phrase, en revanche, l'événement est présenté sur le ton objectif et implacable du constat : « Le même jour, la terre trembla de nouveau avec un fracas épouvantable » (l. 32-33). Par ces variations d'éclairage, Voltaire cherche à mettre le lecteur dans une situation de spectateur et de juge ; il le prépare à saisir le contenu polémique de son texte. Car, s'il exploite pour mettre en scène ce spectacle toutes les possibilités de son imagination, le jeu n'est pas gratuit : il sert à mettre en évidence les objectifs du combat mené contre le fanatisme religieux.

▬▬▬ LES OBJECTIFS

Voltaire insiste d'abord sur l'absurdité de cette cérémonie religieuse. Elle apparaît comme un acte de superstition qui s'appuie sur une raison aberrante : « le spectacle de quelques personnes brûlées à petit feu, en grande cérémonie, est un secret infaillible pour empêcher la terre de trembler » (l. 6-9). On retrouve le même illogisme à l'occasion de l'arrestation du Biscayen [originaire de la province basque de Biscaye, au nord de l'Espagne] : « On avait en conséquence saisi un Biscayen » (l. 10). Une fois encore est mis en évidence un faux rapport logique, car il n'existe aucun lien de cause à conséquence entre un tremblement de terre et l'arrestation d'un Biscayen. Voltaire démonte ainsi, avec ce « en conséquence », la logique des pouvoirs absolus qui, pour conforter leur autorité, imposent des raisonnements trompeurs ; c'est cet usage pernicieux de la causalité qu'il combat dans *Candide*, notamment à travers le discours faussement logique de Pangloss.

Voltaire s'attaque aussi au pouvoir arbitraire des inquisiteurs, qui disposent de la vie des gens pour des raisons dérisoires. Ils font saisir « un Biscayen convaincu d'avoir épousé sa commère » (l. 10-11) ; l'Église interdisait le mariage entre « compère » et « commère », autrement dit entre le parrain et la marraine d'un même baptisé. Le motif d'accusation est plus dérisoire encore avec les « Portugais qui en mangeant un poulet en avaient arraché le lard » (l. 12-13). L'abstention de porc est une règle de la religion juive ; or les deux accusés, juifs convertis au catholicisme, sont revenus à la religion juive en ne mangeant pas le lard dont ils avaient entouré leur poulet, comme on le faisait parfois à l'époque. Cette critique de l'arbitraire culmine avec le motif d'emprisonnement de Pangloss et de Candide, réduit avec humour aux simples verbes « parler » et « écouter » : « On vint lier après le dîner le docteur Pangloss et son disciple Candide, l'un pour avoir parlé, et l'autre pour avoir écouté avec un air d'approbation » (l. 13-16). Par une habile gradation, Voltaire développe la logique de l'arbitraire jusqu'au non-sens.

Mais le reproche majeur que Voltaire adresse à l'Inquisition, c'est d'être un organisme qui n'a plus rien à voir avec la foi ; et la grande habileté de l'auteur est de nous présenter ce qui prétend être une cérémonie religieuse comme un spectacle de carnaval vidé de tout contenu spirituel. L'expression « donner au peuple un bel auto-da-fé » (l. 4-5) rappelle la vieille formule des empereurs romains : *munus dare populo* (donner au peuple les jeux du cirque). La procession n'a rien de solennel et se déroule comme une parade grotesque ; Voltaire s'attarde sur le détail du san-benito, fait mine d'admirer le « sermon très pathétique » (l. 26-27) et la « belle musique en fauxbourdon » (l. 27-28) (chant d'église à plusieurs voix), comme un spectateur et nullement comme un fidèle.

▬▬▬ LES ARMES

Voltaire tourne donc en dérision cette mascarade, et pour cela il met au service de son combat l'humour et l'ironie qui sont ses armes favorites. Pour dénoncer la cruauté des inquisiteurs, Voltaire utilise l'humour noir [il s'agit d'un humour qui fait sourire par des détails macabres]. L'atrocité du crime dans la phrase : « le spectacle de quelques personnes brûlées à petit feu, en grande cérémonie » (l. 6-7), est soulignée par le contraste comique entre la familiarité culinaire de l'expression « brûlées à petit feu » et la pompe impliquée par « en grande cérémonie ». Ici, pourtant, le sourire de Voltaire est crispé, proche de l'indignation.

Il a recours aussi au burlesque [genre littéraire qui emploie des termes bas pour traiter des sujets sérieux]. « Candide, lit-on, fut fessé en cadence, pendant qu'on chantait » (l. 28-29). Le terme logiquement attendu pour le supplice est « flagellé », c'est-à-dire battu à coups de fouet ; or cette réalité grave devient triviale et risible par le déplacement de sens que produit le mot « fessé ».

Enfin, Voltaire use à chaque instant de l'ironie. Il fait semblant au début du texte d'être d'accord avec ses adversaires et d'adopter leur point de vue : « les sages du pays n'avaient pas trouvé un moyen plus efficace pour prévenir une ruine totale que de donner au peuple un bel auto-da-fé » (l. 2-5). L'ironie prend ici la forme de l'antiphrase [figure de style qui consiste à employer un mot dans un sens contraire à son sens véritable]. Les mots « sages », « efficace » et « bel », qui sont à prendre dans le sens contraire, impliquent donc la complicité du lecteur : il perçoit en effet entre eux et la réalité un désaccord qui accentue le caractère révoltant de l'Inquisition.

Tout le second paragraphe est lui aussi à prendre en un sens ironique. Voltaire fait mine de justifier l'auto-da-fé par la précision des détails qu'il apporte : motifs des peines, signification des costumes, étapes de la cérémonie. Dans cette optique, nous l'avons vu, la prison se métamorphose plaisamment en « appartements d'une extrême fraîcheur, dans lesquels on n'était jamais incommodé du soleil » (l. 17-19). Voltaire s'amuse à la désigner par une périphrase [figure de style qui consiste à exprimer en plusieurs mots ce qu'on pourrait exprimer en un seul], et par une énigme que le lecteur-complice prend plaisir à deviner.

La dernière phrase du texte : « Le même jour, la terre trembla de nouveau avec un fracas épouvantable » (l. 32-33), fait cocassement écho à la première (« Après le tremblement de terre... »). Par une ironie du sort, bien calculée par l'auteur, se produit précisément la catastrophe contre laquelle on voulait se prémunir.

■■■■■ CONCLUSION

Voltaire met dans ce passage sa fantaisie au service d'une violente satire de l'Inquisition, par les moyens de l'humour et de l'ironie. Il déteste en effet toute forme de persécution et cette page s'inscrit dans le combat incessant qu'il a mené contre l'intolérance et le fanatisme religieux. Le ton cependant reste toujours, comme dans la première partie du roman, celui de la gaieté macabre. Il monte avec allégresse un travestissement qui fait sourire par son grotesque et ses déformations exagérées, mais qui gagne ainsi plus sûrement l'adhésion du lecteur.

Dans l'économie du roman, cette page apporte une nouvelle preuve de l'omniprésence du mal et un démenti supplémentaire à l'optimisme forcené que professe Pangloss. Peu à peu, en effet, Candide commence à remettre en question les leçons de son maître. Dans le paragraphe qui suit notre texte, il s'écriera : « Si c'est ici le meilleur des mondes possibles, que sont donc les autres ? »

4 Extrait du chapitre 8

[Histoire de Cunégonde]

« Un capitaine bulgare entra, il me vit toute sanglante, et le soldat ne se dérangeait pas. Le capitaine se mit en colère du peu de respect que lui témoignait ce brutal, et le tua sur mon corps.
5 Ensuite il me fit panser, et m'emmena prisonnière de guerre dans son quartier. Je blanchissais le peu de chemises qu'il avait, je faisais sa cuisine ; il me trouvait fort jolie, il faut l'avouer ; et je ne nierai pas qu'il ne fût très bien fait, et qu'il n'eût la peau
10 blanche et douce : d'ailleurs peu d'esprit, peu de philosophie ; on voyait bien qu'il n'avait pas été élevé par le docteur Pangloss. Au bout de trois mois, ayant perdu tout son argent, et s'étant dégoûté de moi, il me vendit à un Juif nommé Don
15 Issachar, qui trafiquait en Hollande et en Portugal, et qui aimait passionnément les femmes. Ce Juif s'attacha beaucoup à ma personne, mais il ne pouvait en triompher ; je lui ai mieux résisté qu'au soldat bulgare : une personne d'honneur peut être vio-
20 lée une fois, mais sa vertu s'en affermit. Le Juif, pour m'apprivoiser, me mena dans cette maison de campagne que vous voyez. J'avais cru jusque-là qu'il n'y avait rien sur la terre de si beau que le château de Thunder-ten-tronckh ; j'ai été détrom-
25 pée.

Le grand inquisiteur m'aperçut un jour à la messe ; il me lorgna beaucoup, et me fit dire qu'il avait à me parler pour des affaires secrètes. Je fus conduite à son palais ; je lui appris ma naissance ;
30 il me représenta combien il était au-dessous de mon rang d'appartenir à un Israélite. On proposa de sa part à Don Issachar de me céder à

Monseigneur. Don Issachar, qui est le banquier de la cour, et homme de crédit, n'en voulut rien faire.
35 L'inquisiteur le menaça d'un auto-da-fé. Enfin mon Juif, intimidé, conclut un marché par lequel la maison et moi leur appartiendraient à tous deux en commun. »

■■■■ INTRODUCTION

Après l'auto-da-fé (voir ci-dessus, p. 17), Candide est recueilli et soigné par une vieille femme qui lui permet de retrouver sa bien-aimée. Miraculeusement rescapée du désastre de Thunder-ten-tronckh, elle fait au jeune homme le récit de ses mésaventures. Témoin du massacre de sa famille, violée par un soldat bulgare, elle va de déchéance en déchéance, menant une vie lamentable, qui ne ressemble en rien à celle des héroïnes traditionnelles uniquement préoccupées de leur amour. Trois grands axes conduiront notre lecture : la bouffonnerie de Cunégonde, la critique de l'amour romanesque et la critique de l'optimisme.

■■■■ UN PERSONNAGE BOUFFON

Une victime complaisante

Le texte décrit une accumulation de malheurs, dont le fil directeur est constitué par les hommes qui jouissent successivement de l'héroïne : le capitaine bulgare (l. 1 à 12), le banquier juif (l. 12 à 25) et le grand inquisiteur (l. 26 à 38), qui est le chef suprême de l'Inquisition. Le même schéma se reproduit à chaque fois : Cunégonde en position de victime est soumise à la loi d'un nouveau maître. Sans rapport avec les origines nobles de la fille d'un baron, ni avec les exigences d'un grand amour, cette existence répétitive et sans grandeur la transforme en créature déchue, souvent complaisante, ravalée au rang d'esclave et de marionnette comique.

Le registre réaliste

La bouffonnerie de Cunégonde est accentuée par le contraste entre sa condition d'aristocrate et le réalisme avec lequel elle est décrite. Le vocabulaire réaliste décrit crûment le côté matériel et grossier des choses. Son emploi ne cadre pas du tout avec les mœurs d'une jeune femme de haute naissance. Il produit dans le texte des ruptures de ton et des contrastes comiques. Loin de conserver son « rang » (l. 31), Cunégonde devient une domestique blanchissant des « chemises » et faisant la « cuisine » (l. 6-7), une marchandise : « s'étant dégoûté de moi, il me vendit à un Juif » (l. 13-14), un animal qu'on cherche à « apprivoiser » (l. 21), et à nouveau l'objet d'un « marché » (l. 36). Cette surcharge de détails sordides désamorce à chaque instant l'émotion que pourrait susciter le spectacle des malheurs de l'héroïne et tourne en dérision les conventions du roman sentimental en faisant d'elle une créature triviale, enlisée dans le concret.

Un rythme trépidant

L'avilissement de Cunégonde nous fait aussi rire par le rythme rapide auquel ont lieu ses déboires. À une allure endiablée, Cunégonde subit tous les malheurs possibles. Les phrases en général sont courtes ; la coordination est préférée à la surbordination, ce qui confère au récit un mouvement plus tonique et alerte. Prenons la description de l'arrivée du capitaine : « Un capitaine bulgare entra, il me vit toute sanglante, et le soldat ne se dérangeait pas. Le capitaine se mit en colère du peu de respect que lui témoignait ce brutal, et le tua sur mon corps » (l. 1-4). Les faits sont juxtaposés les uns aux autres ou simplement coordonnés par « et ». Hormis la relative : « que lui témoignait ce brutal » (l. 4), le récit se compose uniquement de propositions indépendantes.

L'abondance des verbes constitue un autre facteur de rapidité. Leur accumulation produit parfois une accélération supplémentaire : « Le grand inquisiteur m'*aperçut* un jour à la messe ; il me *lorgna* beaucoup, et me *fit dire* qu'il *avait à me parler* pour des affaires secrètes. Je *fus conduite* à son palais ; je lui *appris* ma naissance ; il me *représenta*... » (l. 26-30).

Ce rythme tourbillonnant donne au texte une gaieté macabre : malgré la gravité du contenu, Voltaire prend plaisir à tourner en dérision le romanesque de l'amour et l'optimisme béat de son héroïne.

■■■■■ LA CRITIQUE DE L'AMOUR ROMANESQUE

La dévalorisation de l'idéal amoureux

Cunégonde est pour Candide la figure de l'amour idéal. Or, dans ce texte, la jeune femme se révèle avant tout comme une créature sensuelle, peu soucieuse de garder son rang et de rester fidèle. Malgré la grossièreté et la brutalité du capitaine, elle ne manque pas – sans craindre de blesser Candide – de signaler l'attirance physique qu'il exerçait sur elle : « et je ne nierai pas qu'il ne fût très bien fait, et qu'il n'eût la peau blanche et douce » (l. 8-10). Elle a beau déclarer qu'elle a « résisté » (l. 18) au banquier juif, en fait, elle a très vite cédé. Enfin, elle s'accommode facilement du « marché » qui la partage entre l'inquisiteur et le banquier (l. 36). Tout cela, joint à une existence sordide et avilissante, compose une image dérisoire de l'amour. Pas plus que la noblesse et la philosophie, l'amour ne résiste à l'épreuve des faits.

Le registre sentimental

Pourtant, par ses origines et par son éducation, Cunégonde pourrait prétendre au destin d'une grande amoureuse sacrifiant tout à son idéal. Beaucoup de mots et d'expressions du texte appartiennent au langage relevé de la galanterie du XVIIIe siècle. L'usage expressif de la double négation à propos du capitaine rappelle le ton élégant et raffiné des intrigues amoureuses, où l'on aime à suggérer le trouble des sens : « et je ne nierai pas qu'il ne fût très bien fait, et qu'il n'eût la peau blanche et douce » (l. 8-10). Le vocabulaire qui décrit le début des relations de l'héroïne avec le banquier juif est celui des femmes du monde chez qui l'amour entre en conflit avec la vertu : « Ce Juif s'attacha beaucoup à ma personne, mais il ne pouvait en triompher ; je lui ai mieux résisté qu'au soldat bulgare : une personne d'honneur peut être violée une fois, mais sa vertu s'en affermit » (l. 16-20). « Une personne d'honneur » est à l'époque quelqu'un qui cherche à préserver dignement son intégrité physique et morale. « Lorgner » (l. 27), au XVIIIe siècle, signifie souvent « lancer des œillades amoureuses ». La revendication de la « naissance » (l. 29) et du « rang » (l. 31) fait attendre de l'héroïne une exigence de dignité et un idéal en amour.

La parodie

La parodie est l'imitation bouffonne d'un genre sérieux pour le tourner en ridicule. Ce texte est ainsi une parodie des romans sentimentaux de l'époque, tels *Pamela* de Richardson, *La Vie de Marianne* de Marivaux ou *Manon Lescaut* de Prévost. Ces romans décrivent des aventures à rebondissements multiples qui mettent en scène des âmes pures et vertueuses en proie aux tourments de la passion amoureuse et en butte à la méchanceté d'êtres sans scrupules.

Le comique du texte vient du décalage entre un cadre de roman sentimental et une héroïne anti-romanesque. Si Voltaire utilise la situation classique des amants séparés qui se retrouvent, il ôte tout contenu à la notion d'amour pur et fidèle : il transforme en effet Cunégonde en un personnage matériel et physique, loin d'être uniquement préoccupée de ses sentiments pour Candide.

Le jeu n'est pas gratuit : cette parodie vise à montrer que l'amour romanesque est une illusion. En cela, elle collabore au thème fondamental du roman : la critique de l'optimisme.

LA CRITIQUE
DE L'OPTIMISME

Cunégonde, élève de Pangloss

Cunégonde est, elle aussi, une élève de Pangloss. Elle croit à la Providence : les événements du monde, y compris les catastrophes, ne sont pas soumis au hasard et à l'absurde ; ils obéissent à la logique d'un système philosophique, comme celui de « l'harmonie préétablie » de Leibniz. À propos du capitaine, la jeune femme déclare avec dédain : « d'ailleurs peu d'esprit, peu de philosophie ; on voyait bien qu'il n'avait pas été élevé par le docteur Pangloss » (l. 10-12). La référence à Pangloss appelé emphatiquement « docteur » (homme savant), indique qu'elle applique scrupuleusement les leçons de son maître : elle sait tirer parti des circonstances les plus horribles. Emmenée prisonnière par un militaire, elle se console de son malheur général par l'attrait particulier qu'exerce sur elle sa « peau blanche et douce » (l. 9-10). Les brutalités dont elle a été victime lui fournissent un enseignement moral, qu'elle condense sous la forme d'une maxime : « une personne d'honneur peut être violée une fois, mais sa vertu s'en affermit » (l. 19-20). Enfin, elle ne cesse pas d'être résolument optimiste et de considérer Thunder-ten-tronckh comme le point de référence du bonheur : « J'avais cru jusque-là qu'il n'y avait rien sur la terre de si beau que le château de Thunder-ten-tronckh ; j'ai été détrompée » (l. 22-25).

Un exemple supplémentaire de l'omniprésence du mal

Mais le récit de Cunégonde, situé entre les mésaventures de Candide et l'histoire lamentable de la « vieille », aux chapitres 11 et 12, apporte une preuve nouvelle de l'absurdité de l'existence et de l'omniprésence du mal. Ballottée d'une façon dégradante d'un amant à un autre, Cunégonde subit les pires maux qui puissent arriver à une jeune femme. Par cette suite ininterrompue de violences et de catastrophes, Voltaire continue à démontrer que c'est le hasard et non la Providence qui gouverne le monde. Comme Pangloss, Cunégonde est une idéaliste, qui refuse d'analyser lucidement la réalité. Bien qu'elle soit accablée de malheurs, elle s'acharne à croire qu'ils répondent à un ordre supérieur. C'est ce qui la rend ridicule et comique.

■■■■■ CONCLUSION

Personnage bouffon, charge contre l'amour romanesque, optimiste béate et incurable, Cunégonde, en dépit de ses déboires, est un pantin qui nous amuse. À travers elle, Voltaire démonte le mécanisme de l'illusion amoureuse. Objet de l'amour pur et passionné de Candide, elle ne pourra que le décevoir et lui faire perdre ses illusions. Dans son éducation sentimentale comme ailleurs, Candide adopte une attitude idéaliste et généreuse que les événements s'emploient diaboliquement à contredire et à dégrader. Loin de trouver en Cunégonde la jeune femme de ses rêves, il fait à nouveau l'expérience du mal et de l'absurdité de la vie.

[L'arrivée dans Eldorado]

Cacambo, qui donnait toujours d'aussi bons conseils que la vieille, dit à Candide : « Nous n'en pouvons plus, nous avons assez marché ; j'aperçois un canot vide sur le rivage, emplissons-le de
5 cocos, jetons-nous dans cette petite barque, laissons-nous aller au courant ; une rivière mène toujours à quelque endroit habité. Si nous ne trouvons pas des choses agréables, nous trouverons du moins des choses nouvelles. – Allons, dit Candide,
10 recommandons-nous à la Providence. »

Ils voguèrent quelques lieues entre des bords tantôt fleuris, tantôt arides, tantôt unis, tantôt escarpés. La rivière s'élargissait toujours ; enfin elle se perdait sous une voûte de rochers épouvan-
15 tables qui s'élevaient jusqu'au ciel. Les deux voyageurs eurent la hardiesse de s'abandonner aux flots sous cette voûte. Le fleuve, resserré en cet endroit, les porta avec une rapidité et un bruit horribles. Au bout de vingt-quatre heures ils revirent le jour ;
20 mais leur canot se fracassa contre les écueils ; il fallut se traîner de rocher en rocher pendant une lieue entière ; enfin ils découvrirent un horizon immense, bordé de montagnes inaccessibles. Le pays était cultivé pour le plaisir comme pour le be-
25 soin ; partout l'utile était agréable. Les chemins étaient couverts ou plutôt ornés de voitures d'une forme et d'une matière brillante, portant des hommes et des femmes d'une beauté singulière,

traînés rapidement par de gros moutons rouges qui
30 surpassaient en vitesse les plus beaux chevaux
d'Andalousie, de Tétuan et de Méquinez.

« Voilà pourtant, dit Candide, un pays qui vaut
mieux que la Westphalie. »

▬▬▬ SITUATION

L'arrivée de Candide en Amérique est marquée par la
désillusion : espérant trouver un monde en accord avec
son optimisme, il y rencontre les mêmes maux qu'en
Europe. À peine arrivé à Buenos Aires, il est à nouveau séparé de Cunégonde, et doit s'enfuir devant les envoyés de
l'Inquisition partis à sa recherche. Il se réfugie en compagnie de son valet Cacambo chez les jésuites du Paraguay,
où il retrouve miraculeusement le frère de Cunégonde devenu commandant. Il lui annonce son intention d'épouser
sa sœur, mais le baron qui ne veut pas d'un tel mariage
s'emporte et Candide le transperce d'un coup d'épée. Il
est ensuite capturé avec son valet par les sauvages
Oreillons qui s'apprêtent à les manger. Cacambo sauve la
stiuation grâce à son ingéniosité.

Traqués de toutes parts et ne sachant plus où aller, les
deux héros s'abandonnent à leur sort. Après de grands
dangers, ils arrivent au moyen d'un canot dans le pays
d'Eldorado. En espagnol, ce nom signifie « le pays de
l'or ». Il s'agit d'une contrée fabuleuse, imaginée par les
conquistadores du XVe et du XVIe siècles. Ils la recherchè-
rent en partant du Pérou, à l'est des Andes, entre
l'Orénoque et l'Amazone, sans jamais la trouver. Voltaire
va tirer de ces données un parti philosophique, en faisant
d'Eldorado une utopie [pays imaginaire où un régime politique idéal gouverne un peuple heureux].

■■■ COMPOSITION
ET MOUVEMENT

Le texte réunit en trois épisodes tous les ingrédients du roman d'aventures : le départ pour l'inconnu (l. 1 à 10), la descente périlleuse (l. 11 à 22, jusqu'à : « une lieue entière »), l'arrivée dans une contrée fabuleuse (l. 22, depuis : « enfin ils découvrirent », jusqu'à la fin du texte). Pourtant il n'y aura pas d'effet de surprise romanesque pour le lecteur, car il est informé par le titre du chapitre de la suite des événements : « Arrivée de Candide et de son valet au pays d'Eldorado, et ce qu'ils y virent ». Dès le début, le lecteur est donc invité à prendre une distance et à faire une lecture qui s'attache à la signification symbolique du récit. Le mouvement du texte devient alors celui d'une initiation philosophique, qui reprend les grandes étapes du roman. Le premier moment est conforme à la philosophie de Pangloss : les héros s'en remettent à la Providence ; le second rappelle, à travers l'épreuve de la descente en canot, le thème du mal ; le dernier enfin apporte avec Eldorado la révélation de valeurs nouvelles.

L'abandon
à la Providence (l. 1 à 10)

Au moment où Candide, traqué de tous côtés par les envoyés de l'Inquisition, ne sait plus où aller, son valet Cacambo lui propose de tenter l'aventure en descendant une rivière en canot. Cacambo est le type du valet débrouillard qui a une grande expérience pratique. Par sa joie de vivre et son goût de l'action, il est lui aussi à sa manière un « optimiste ». Voltaire le met sur le même plan que « la vieille », rencontrée par Candide et Cunégonde à Lisbonne, pour la qualité de ses conseils (l. 2). Contrairement à Pangloss, ces deux personnages ont une connaissance de la vie qui ne découle pas d'un système abstrait, mais s'appuie sur l'expérience vécue ; ils savent analyser avec justesse les situations et adopter face à elles une conduite adéquate.

Cacambo sert aussi de moteur à la fiction : il relance l'action à un moment où tout paraît bloqué, en poussant son maître au départ. La présence d'un « canot vide sur le rivage » (l. 4) constitue à la fois un appel à l'aventure et une invitation à poursuivre l'enquête philosophique de Candide. Ce nouveau départ et la joie qui l'accompagne sont traduits par le rythme de la phrase où s'accumulent les verbes d'actions et les impératifs : « Nous n'en pouvons plus, nous avons assez marché ; j'aperçois un canot vide sur le rivage, emplissons-le de cocos, jetons-nous dans cette petite barque, laissons-nous aller au courant » (l. 2-6). Dans ces quelques paroles se trouvent tous les traits du caractère de Cacambo : prévoyance avec l'idée de remplir l'embarcation de « cocos », c'est-à-dire ici de noix de coco qui leur éviteront de mourir de faim ; goût de l'aventure avec l'exagération : « jetons-nous »; optimisme avec sa confiante soumission au hasard : « laissons-nous aller au courant » ; bon sens avec la certitude de trouver un lieu d'accueil : « une rivière mène toujours à quelque endroit habité » (l. 6-7). La dernière phrase apporte la clef du personnage : « Si nous ne trouvons pas des choses agréables, nous trouverons du moins des choses nouvelles » (l. 7-9). Curieux de tout et attiré par la nouveauté à laquelle il s'adapte avec souplesse, Cacambo contraste avec son maître Candide qui, prisonnier de sa vision dogmatique des choses, fait preuve d'immobilisme.

D'ailleurs, cet abandon spontané au hasard : « laissons-nous aller au courant » (l. 5-6), est aussitôt corrigé par Candide en abandon à la Providence : « Allons, dit Candide, recommandons-nous à la Providence » (l. 9-10). Par cette traduction intellectuelle et morale de l'invitation de Cacambo, il confirme que, pour lui, il n'y a pas de hasard, mais une intention supérieure qui préside au cours des événements, conformément à la doctrine « optimiste » de Pangloss.

Une épreuve symbolique (l. 11 à 22)

Commence alors une descente en canot qui exprime symboliquement la situation de l'homme dans l'univers et reprend les grands thèmes du roman. La fragilité de l'homme face à l'immensité du monde où les contraires se côtoient est soulignée par la répétition de l'adverbe « tantôt » et par les antithèses qui opposent « fleuris » à « arides » et « unis » à « escarpés » [l'antithèse est une figure de style consistant à opposer deux mots, deux expressions ou deux pensées contraires] : « Ils voguèrent quelques lieues entre des bords tantôt fleuris, tantôt arides, tantôt unis, tantôt escarpés » (l. 11-13). La rivière devient le symbole de la vie tumultueuse des personnages, et l'on retrouve dans cette « descente aux enfers » les caractères du monde hostile parcouru par Candide : « La rivière s'élargissait toujours ; enfin elle se perdait sous une voûte de rochers épouvantables qui s'élevaient jusqu'au ciel » (l. 13-15). L'adjectif « épouvantables » fait écho à l'expression « fracas épouvantable » du chapitre sur l'auto-da-fé (cf. Texte 3) et concentre l'horreur de la situation, faite de hasard et d'absurde. Quant aux « rochers (...) qui s'élevaient jusqu'au ciel », ils soulignent encore le dénuement et la petitesse de l'homme.

Cela n'empêche pas « les deux voyageurs » d'avoir « la hardiesse de s'abandonner aux flots » (l. 15-16) ; le verbe « s'abandonner » reprend l'idée de la Providence et confirme l'optimisme des personnages. Mais cette « hardiesse » les expose à des dangers plus grands encore : « Le fleuve, resserré en cet endroit, les porta avec une rapidité et un bruit horribles » (l. 17-18). Les éléments se déchaînent ; la « rivière » devient « fleuve » ; l'adjectif « horribles », très fréquent dans le roman (cf. Texte 7) et mis en relief à la fin de la phrase, apporte une fois de plus la réponse de la nature à la confiance aveugle de Candide ; l'horreur est soulignée par les allitérations [répétition expressive de la même consonne] en *r* : « Le fleuve, resserré en cet endroit, les porta avec une rapidité et un bruit horribles. » Enfin le changement de sujet traduit l'impuissance des personnages : sujets de la phrase qui décrit leur abandon naïf à la Providence : « Les deux voyageurs eurent la hardiesse de s'abandonner... » (l. 15-16), ils deviennent objets des forces de la nature : « Le fleuve, resserré en cet endroit, les porta... (l. 17-18).

La descente s'achève d'une façon dramatique par la destruction du canot, les allitérations en *c* mimant la force du fracas : « mais leur canot se fracassa contre les écueils » (l. 20). L'emploi du tour impersonnel : « il fallut se traîner de rocher en rocher » (l. 20-21), en ôtant aux héros leur qualité de sujets de l'action prolonge le thème de leur impuissance. Survient alors un renversement propre aux lois du merveilleux : Candide et Cacambo arrivent dans un paradis.

La révélation de valeurs nouvelles (l. 22 à 33)

L'adverbe « enfin » marque une rupture : il met en relief, après l'horreur de la descente, la perfection d'Eldorado que nous découvrons à travers le point de vue émerveillé des voyageurs : « enfin ils découvrirent un horizon immense, bordé de montagnes inaccessibles » (l. 22-23). Ces « montagnes inaccessibles » qui clôturent le pays font d'emblée d'Eldorado un monde en marge, sans relation avec l'extérieur, et la vision de « l'horizon immense » après les ténèbres du fleuve le place sous le signe de la lumière et de la liberté. « Le pays était cultivé pour le plaisir comme pour le besoin ; partout l'utile était agréable » (l. 25). Le verbe « cultiver », dont c'est ici le seul emploi dans le roman avant le dernier chapitre, suggère l'idée d'un bonheur fondé sur le travail. Ce terme sera une des bases de la sagesse de Candide quand il s'écriera finalement : « Il faut cultiver notre jardin. » La présence annonciatrice de ce mot indique par ailleurs la valeur d'exemple qu'aura pour le jeune homme l'utopie d'Eldorado.

Quant à l'idée de joindre « le plaisir » et « le besoin », « l'utile » et « l'agréable », elle est une des façons traditionnelles de définir la perfection en art. Cette définition apparaît par exemple dans l'*Art poétique* du poète latin Horace : *utile dulci mescere* (mêler l'utile à l'agréable). Cet idéal caractérise aussi un art de vivre cher à Voltaire.

La dernière phrase du paragraphe avec son rythme large et régulier présente l'image d'une société heureuse : « Les chemins étaient couverts ou plutôt ornés de voitures d'une forme et d'une matière brillante, portant des hommes et des femmes d'une beauté singulière, traînés rapidement par de gros moutons rouges qui surpassaient en vitesse les plus beaux chevaux d'Andalousie, de Tétuan et de Méquinez » (l. 25-31). Tous les éléments de ce tableau indiquent une civilisation évoluée qui répond à l'idéal défini plus haut. « Les chemins » sont l'indice d'une organisation sociale ; dans le monde sauvage des Oreillons, il n'y avait « aucune route » (cf. début du chap. 16). La rectification « ou plutôt ornés » montre que les relations entre les gens ne sont pas seulement économiques, mais aussi tournées vers l'agrément. L'expression « d'une forme et d'une matière brillante » à propos des voitures est un clin d'œil de Voltaire au lecteur, car grâce au titre du chapitre il comprend, avant les personnages, qu'il s'agit d'or. La « beauté singulière » des habitants témoigne de leur culture développée et de leur éducation ; son caractère « singulier » est l'indice d'un monde radicalement différent.

Les « gros moutons » (l. 29) qui traînent les voitures sont en fait les lamas du Pérou ; mais Voltaire use pour les désigner d'une périphrase qui mime l'émerveillement des voyageurs : devant une réalité inconnue et pour eux fabuleuse, ils sont obligés pour l'exprimer de recourir à des références familières. Leur étonnement les conduit à une surenchère amusante ; ils prêtent à ces animaux une vitesse qui surpasse celle des « plus beaux chevaux d'Andalousie, de Tétuan et de Méquinez » (l. 29-30). Les « chevaux d'Andalousie » (région au sud de l'Espagne) étaient pourtant considérés à l'époque comme les meilleurs chevaux de guerre et ceux de Tétuan et Méquinez (Tétouan et Meknès du Maroc actuel) comme d'excellents chevaux de selle.

Devant un tel spectacle, Candide ne peut s'empêcher d'exprimer son admiration : « Voilà pourtant (...) un pays qui vaut mieux que la Westphalie » (l. 32-33). La réticence exprimée par l'adverbe « pourtant » présente l'émerveillement sous la forme d'une opposition entre Eldorado et la référence implicite que constitue encore pour le héros le paradis de Thunder-ten-tronckh en Westphalie. Candide découvre des valeurs nouvelles qui font concurrence à celles de son enfance, mais pour le moment Eldorado n'est qu'une Westphalie améliorée : « un pays *qui vaut mieux que la Westphalie* ».

■■■■■ CONCLUSION

Ce récit concentre sous forme de symboles les grands thèmes du roman : solitude de l'homme, omniprésence du mal, soumission au hasard... Mais la description de cette descente infernale a aussi un rôle dramatique : elle permet de faire ressortir l'excellence d'Eldorado qui aura une grande importance dans l'économie du roman, en fournissant à Candide une alternative aux valeurs de Thunder-ten-tronckh qu'il jugeait insurpassables.

6 Extrait du chapitre 18

[L'utopie d'Eldorado]

Vingt belles filles de la garde reçurent Candide et Cacambo à la descente du carrosse, les conduisirent aux bains, les vêtirent de robes d'un tissu de duvet de colibri ; après quoi les grands officiers et
5 les grandes officières de la couronne les menèrent à l'appartement de Sa Majesté au milieu de deux files, chacune de mille musiciens, selon l'usage ordinaire. Quand ils approchèrent de la salle du trône, Cacambo demanda à un grand officier com-
10 ment il fallait s'y prendre pour saluer Sa Majesté ; si on se jetait à genoux ou ventre à terre ; si on mettait les mains sur la tête ou sur le derrière ; si on léchait la poussière de la salle ; en un mot, quelle était la cérémonie. « L'usage, dit le grand
15 officier, est d'embrasser le roi et de le baiser des deux côtés. » Candide et Cacambo sautèrent au cou de Sa Majesté, qui les reçut avec toute la grâce imaginable, et qui les pria poliment à souper.
20 En attendant, on leur fit voir la ville, les édifices publics élevés jusqu'aux nues, les marchés ornés de mille colonnes, les fontaines d'eau pure, les fontaines d'eau rose, celles de liqueurs de canne de sucre, qui coulaient continuellement dans de
25 grandes places, pavées d'une espèce de pierreries qui répandaient une odeur semblable à celle du girofle et de la cannelle. Candide demanda à voir la cour de justice, le parlement ; on lui dit qu'il n'y en avait point, et qu'on ne plaidait jamais. Il s'informa
30 s'il y avait des prisons, et on lui dit que non. Ce qui le surprit davantage, et qui lui fit le plus de

plaisir, ce fut le palais des sciences, dans lequel il vit une galerie de deux mille pas, toute pleine d'instruments de mathématique et de physique.

35 Après avoir parcouru, toute l'après-dînée, à peu près la millième partie de la ville, on les ramena chez le roi. Candide se mit à table entre Sa Majesté, son valet Cacambo et plusieurs dames. Jamais on ne fit meilleure chère, et jamais on n'eut
40 plus d'esprit à souper qu'en eut Sa Majesté. Cacambo expliquait les bons mots du roi à Candide, et quoique traduits, ils paraissaient toujours des bons mots. De tout ce qui étonnait Candide, ce n'était pas ce qui l'étonna le moins.

▰▰▰ INTRODUCTION[1]

La visite d'Eldorado introduit une pause dans un récit dont le rythme était jusque-là rapide et trépidant. À la frénésie du début succède le repos, et à l'action la description. Candide et son valet contemplent dans l'émerveillement un monde qui apparaît comme le contraire du monde qu'ils connaissent. Cet épisode, par la place qu'il occupe au centre du roman, joue un rôle capital dans l'évolution de Candide. Pour le montrer, nous étudierons d'abord la façon dont Voltaire met en place une lecture critique d'Eldorado ; nous verrons ensuite en quoi ce pays est une utopie ; et enfin nous nous interrogerons sur la fonction de cette utopie dans le roman.

---

1. Voir note 1 page 18

LA MISE EN PLACE D'UNE LECTURE CRITIQUE D'ELDORADO

Le texte se présente à première vue comme un épisode de conte oriental. Les voyageurs vont d'étonnement en étonnement dans un décor où l'exotisme se mêle au merveilleux. Tout ce qu'ils voient leur pâraît grand : « les grands officiers et les grandes officières » (l. 4-5), « les édifices publics élevés jusqu'aux nues » (l. 20-21), les « grandes places » (l. 25). À l'impression de grandeur s'ajoute un sentiment d'abondance rendu par l'exagération des nombres : « deux files, chacune de mille musiciens » (l. 6-7), « mille colonnes » (l. 22), « une galerie de deux mille pas » (l. 33), « la millième partie de la ville » (l. 36). Cette magnificence est en outre soulignée par l'usage constant du pluriel et par le procédé de l'accumulation ; « On leur fit voir la ville, les édifices publics élevés jusqu'aux nues, les marchés ornés de mille colonnes, les fontaines d'eau pure, les fontaines d'eau rose, celles de liqueurs de canne de sucre » (l. 20-24). Eldorado leur apparaît enfin comme un pays de perfection que met en évidence l'emploi du superlatif : « le plus de plaisir » (l. 31-32), « jamais on ne fit meilleure chère, et jamais on n'eut plus d'esprit » (l. 39-40).

Voltaire cependant empêche le lecteur d'adhérer naïvement à la ficton de ce conte oriental ; il l'oblige à prendre une distance à l'égard de l'émerveillement béat de ses héros. Pour cela, il ôte au merveilleux son pouvoir de persuasion par la surenchère des détails féeriques : tout est trop beau, trop parfait. Cette surenchère se traduit par des redondances [répétition excessive de mots] : « les grands officiers et les grandes officières » (l. 4-5), « les fontaines d'eau pure, les fontaines d'eau rose » (l. 22-23) ; par l'emploi systématique du nombre « mille » dont l'exagération finit par n'avoir plus de sens (l. 7, 22, 33, 36) ; par des clichés enfin [expressions banales et attendues] qui surchargent le texte : « élevés jusqu'aux nues..., ornés de mille colonnes... fontaines d'eau pure » (l. 21-22).

L'auteur, en outre, établit par l'humour une connivence avec le lecteur : on s'amuse de la naïveté de Candide et de Cacambo, qui sont seulement impressionnés par les apparences et se trompent constamment sur la réalité d'Eldorado. La fantaisie des trois hypothèses avancées par Cacambo met comiquement en valeur cette méprise : « Cacambo demanda [...] si on se jetait à genoux ou ventre à terre ; si on mettait les mains sur la tête ou sur le derrière ; si on léchait la poussière de la salle » (l. 9-13). Candide n'a pas sur les choses une compréhension plus adéquate en demandant ingénument à voir des lieux qui n'existent pas : « la cour de justice, le parlement » (l. 27-28). Leurs attitudes aussi manifestent leur naïveté : ils n'embrassent pas le roi, ils « sautent » à son « cou » (l. 16-17) ; cette expression familière, qui traduit un empressement enfantin, introduit un écart comique et prouve que les personnages n'ont pas de recul pour juger objectivement de la manière dont les convenances doivent être respectées. Enfin, le regard de Candide sur la société d'Eldorado n'a aucune valeur critique ; il met tout sur le même plan. À propos des « bons mots du roi », Voltaire écrit : « De tout ce qui étonnait Candide, ce n'était pas ce qui l'étonna le moins » (l. 43-44). Cela revient à dire que Candide ne fait pas de différence entre « les bons mots du roi » et les institutions politiques ou « le palais des sciences » (l. 32).

Les voyageurs ne perçoivent donc pas à sa juste valeur le sens de ce qu'ils découvrent : ils n'en ont qu'une vue superficielle et candide. Mais, comme dans le reste du roman, cette candeur a un rôle de révélateur : elle a pour fonction de bien mettre en valeur le monde qu'ils visitent et d'inviter le lecteur à percevoir le contenu philosophique du texte. À cet égard, il faut noter que Cacambo perd ici curieusement son ingéniosité habituelle, pour devenir un simple double de Candide : c'est lui qui fait preuve de naïveté sur la manière de saluer le roi (l. 9-10). Ce dédoublement prouve en fait l'importance que Voltaire assigne dans ce texte à la fonction critique de la candeur. Il nous engage en effet, au-delà du merveilleux, à lire dans le récit d'Eldorado la description d'une utopie.

■■■■■ LA DESCRIPTION
    D'UNE UTOPIE

L'étude de la structure du passage nous renseigne sur son sens. Cette structure est chronologique : la visite s'étend sur la durée d'une « après-dînée » [au XVIIIᵉ siècle, partie de la journée qui suit le repas de midi appelé alors « dîner »]. Elle comprend quatre étapes : toilette des voyageurs (l. 2-3), salut au roi (l. 4-18), découverte de la ville (l. 20-39), souper chez le roi (l. 35-44). Le passage d'un épisode à l'autre est bien marqué dans le texte par des expressions temporelles : « après quoi » (l. 4), « En attendant » (l. 20)., « Après avoir parcouru » (l. 35).

Or, ce type de composition, où un voyageur découvre peu à peu un monde nouveau, est celui des livres, nombreux à l'époque, qui décrivent une « utopie ». Le mot a une double étymologie grecque : il peut venir de *eutopie* : « le pays où tout est parfait », mais aussi de *outopie* : « le pays qui n'existe pas ». Il a été forgé par l'Anglais Thomas More qui publia en 1516 un livre intitulé précisément *L'Utopie*. Cet ouvrage rapporte le récit d'un voyageur qui a visité un pays imaginaire où un régime politique idéal gouverne un peuple heureux. Tout est passé en revue dans le moindre détail : institutions, mœurs, religion, organisation du travail... Or Eldorado répond à ce schéma, et il est possible d'en dégager les grands traits.

Politiquement, le pays est gouverné par une monarchie de type libéral, c'est-à-dire favorable à la libre expression des pensées politiques, religieuses ou philosophiques. Le roi n'a rien d'un souverain autoritaire et les rapports de hiérarchie sont assouplis : il est facile de l'aborder et de s'entretenir avec lui. Il reçoit les voyageurs « avec toute la grâce imaginable » (l. 17-18). Par ailleurs, il ne fait peser aucune tyrannie sur ses sujets, puisque palais de justice et prisons n'existent pas (l. 28 et 30). Cela veut dire aussi absence d'antagonismes sociaux et donc de délits.

L'harmonie règne en effet entre les gens : pas de nobles et pas de différence entre les sexes : on trouve « vingt belles filles » dans la garde du roi (l. 1) et de « grandes officières » aux côtés des « grands officiers » (l. 4-5). Une grande place est accordée aussi à la vie sociale et à la courtoisie : le roi invite aussitôt ses hôtes à souper (l. 18-19). La complicité et la gaieté des habitants se manifestent encore dans la pratique du « bon mot », plaisanterie subtile qui nécessite la complicité des interlocuteurs (l. 41).

L'utopie d'Eldorado apparaît en outre comme une civilisation essentiellement urbaine. Le principe en est, comme il est dit au chapitre 17 (cf. ci-dessus, p. 31), de joindre « l'utile » à « l'agréable ». Pour cela, l'espace est agrandi par de longues perspectives : « édifices publics élevés jusqu'aux nues » (l. 20-21), « marchés ornés de mille colonnes » (l. 21-22), « grandes places » (l. 25), « galerie de deux mille pas » (l. 33) ; les relations commeciales prennent une forme esthétique : « les marchés » sont « ornés de mille colonnes » (l. 22) ; le grand nombre des fontaines (l. 22-23) et les pavés odoriférants (l. 25-27) créent un climat de fraîcheur et de propreté.

Sur le plan culturel enfin, Eldorado consacre de grands moyens à la science et à la recherche : on peut y voir « une galerie de deux mille pas, toute pleine d'instruments de mathématique et de physique » (l. 33-34).

Cette civilisation atteint donc une forme de perfection. Elle permet en fait à Voltaire d'exprimer, par le moyen de la fiction, ses propres aspirations : monarchie libérale, urbanisme et urbanité, développement des sciences. Une partie de l'idéal de la philosophie des Lumières s'y trouve rassemblée.

La description de cette utopie n'est cependant pas gratuite, et il importe pour conclure de se demander quelle en est la fonction.

■■■ FONCTION DE L'UTOPIE D'ELDORADO

Cette utopie a d'abord une fonction critique : en présentant un monde idéal, elle met indirectement en évidence les insuffisances et les imperfections de la société du XVIIIᵉ siècle : c'est une façon pour Voltaire d'attaquer cette société et de la remettre en question. Il s'élève d'abord, en faisant le portrait d'un souverain libéral, contre la monarchie absolue des rois de France, qui représente pour lui une tyrannie insupportable. Eldorado, où règnent la justice et la générosité, où tribunaux et prisons n'existent pas, révèle en creux l'arbitraire et le fanatisme de la justice royale. Par sa longue description de la ville, ce texte est par ailleurs une amusante critique de l'urbanisme anarchique de Paris. En soulignant enfin le plaisir de Candide au « palais des sciences » (l. 32), Voltaire rappelle qu'il est un défenseur acharné de la culture et du progrès ; associé aux écrivains de l'*Encyclopédie* [célèbre ouvrage de vulgarisation scientifique et philosophique sous la direction de Diderot et d'Alembert], il s'insurge contre toutes les formes d'obscurantisme [hostilité du pouvoir royal et religieux à la diffusion de l'instruction et de la culture dans le peuple].

Reste à nous interroger sur le sens de cette fiction dans l'évolution intellectuelle de Candide. Sa place au milieu du roman montre déjà qu'elle n'est pas un aboutissement, mais seulement une étape. Par ailleurs, l'utopie d'Eldorado n'est qu'esquissée, à la différence des utopies, comme celle de Thomas More, qui décrivaient minutieusement le fonctionnement de leur société idéale : répartition des terres, des impôts, des tâches, composition des pouvoirs, programmes d'éducation... Or, on n'a sur Eldorado que des indications très vagues. On nous suggère que le pays est gouverné par une monarchie libérale, mais on ignore quels en sont les rouages précis. On sait que l'urbanisme joue un grand rôle, mais on ne sait pas exactement comment sont construits les édifices. Cette imprécision prouve que Voltaire n'a pas voulu proposer un système directement applicable, mais plutôt des valeurs : bonheur, générosité, soif de justice, goût du travail... Eldorado, dans ces conditions, ne vaut pas comme absolu, mais comme référence nouvelle dans l'évolution de Candide. Il devient une alternative possible aux valeurs de Thunder-ten-tronckh, dont le contact avec les faits a montré qu'elles reposaient sur une illusion. Il restera au héros à savoir tirer profit de ces valeurs nouvelles. Pour le moment, il n'en comprend pas encore le prix, car la suite du texte nous apprend qu'après un mois il quitte ce paradis.

■■■■ CONCLUSION

Eldorado se présente comme une *utopie* qui collabore au projet satirique du roman. À travers elle, Voltaire fait indirectement le procès de la société de son temps. Mais cette satire est constructrice, dans la mesure où, sur le mode imaginaire, de nouvelles valeurs sont proposées à la réflexion du lecteur. Ces valeurs sont celles pour lesquelles se battent les philosophes des Lumières. Pariant sur les progrès de la civilisation, elles posent des fondements qui englobent tout ce qui favorise l'épanouissement de l'homme. Dans l'évolution de Candide, cet épisode constitue une étape capitale, qui fait basculer son point de vue sur le monde. Avant d'arriver à Eldorado, c'était un jeune homme passif et docile, victime de ses préjugés et de l'éducation de Pangloss. Mais au moment où il quitte ce paradis, commence la seconde phase de son éducation, qui coïncide avec son retour en Europe. Désormais, Candide part activement à la conquête de lui-même. Dans le système de valeurs personnelles qu'il va se forger, *Eldorado* va fonctionner comme un *anti-Thunder-ten-tronckh* et rendre possible le bonheur humble mais sûr du troisième lieu emblématique du roman : le *Jardin*.

[Le nègre de Surinam]

En approchant de la ville, ils rencontrèrent un nègre étendu par terre, n'ayant plus que la moitié de son habit, c'est-à-dire d'un caleçon de toile bleue ; il manquait à ce pauvre homme la jambe
5 gauche et la main droite. « Eh ! mon Dieu ! lui dit Candide en hollandais, que fais-tu là, mon ami, dans l'état horrible où je te vois ? – J'attends mon maître, monsieur Vanderdendur, le fameux négociant, répondit le nègre. – Est-ce monsieur
10 Vanderdendur, dit Candide, qui t'a traité ainsi ? – Oui, monsieur, dit le nègre, c'est l'usage. On nous donne un caleçon de toile pour tout vêtement deux fois l'année. Quand nous travaillons aux sucreries, et que la meule nous attrape le doigt, on
15 nous coupe la main ; quand nous voulons nous enfuir, on nous coupe la jambe : je me suis trouvé dans les deux cas. C'est à ce prix que vous mangez du sucre en Europe. Cependant, lorsque ma mère me vendit dix écus patagons sur la côte de Guinée,
20 elle me disait : « Mon cher enfant, bénis nos fétiches, adore-les toujours, ils te feront vivre heureux ; tu as l'honneur d'être esclave de nos seigneurs les blancs, et tu fais par là la fortune de ton père et de ta mère. » Hélas ! je ne sais pas si j'ai
25 fait leur fortune, mais ils n'ont pas fait la mienne. Les chiens, les singes et les perroquets sont mille fois moins malheureux que nous ; les fétiches hollandais qui m'ont converti me disent tous les dimanches que nous sommes tous enfants d'Adam,

30 blancs et noirs. Je ne suis pas généalogiste ; mais si ces prêcheurs disent vrai, nous sommes tous cousins issus de germain. Or vous m'avouerez qu'on ne peut pas en user avec ses parents d'une manière plus horrible.

35 — O Pangloss ! s'écria Candide, tu n'avais pas deviné cette abomination ; c'en est fait, il faudra qu'à la fin je renonce à ton optimisme. — Qu'est-ce qu'optimisme ? disait Cacambo. — Hélas ! dit Candide, c'est la rage de soutenir que tout est bien 40 quand on est mal » ; et il versait des larmes en regardant son nègre ; et en pleurant, il entra dans Surinam.

EXPLICATION DE TEXTE

◼◼◼◼ SITUATION ET SUJET

Candide et Cacambo quittent le paradis d'Eldorado avec le projet de retrouver Cunégonde et d'acheter un royaume grâce aux cent moutons chargés d'or et de pierreries qu'ils emmènent. Mais, peu à peu, en faisant route vers Surinam, colonie hollandaise située en Guyane, ils perdent leurs richesses et il ne leur reste bientôt plus que deux moutons. Ils conservent cependant leur rêve de bonheur et Cacambo déclare juste avant que commence notre texte : « Nous sommes au bout de nos peines et au commencement de notre félicité. » Or, après ces paroles, les deux voyageurs rencontrent un esclave noir dont l'état pitoyable les ramène brutalement à la réalité. Cette page est un violent réquisitoire contre l'esclavage. Elle s'inscrit à l'époque dans un vaste mouvement d'opinion qui le dénonce et demande son abolition. Montesquieu, dans *L'Esprit des lois,* en fait une satire célèbre au chapitre intitulé : « De l'esclavage des nègres ». En France, il faudra attendre 1848 pour que l'esclavage soit définitivement aboli dans nos colonies.

■■■■ COMPOSITION ET MOUVEMENT

Le texte comprend trois parties. Dans la première (jusqu'à : « qui t'a traité ainsi », (l. 10), les héros découvrent un nègre mutilé ; Candide l'interroge sur la raison de son état. Dans la seconde (l. 11 à 34), l'esclave fait un discours qu'on peut lui-même diviser en deux moments. Il explique d'abord l'origine de son état (jusqu'à « Europe », l. 18) ; il dénonce ensuite l'illusion sur laquelle a reposé sa vie (l. 18 à 34). Dans la troisième partie du texte (l. 35- 42), Candide reprend la parole ; il se révolte contre Pangloss et son optimisme. Ce discours du nègre, entouré par deux interventions de Candide, confère au texte une progression dramatique où le héros est amené à évoluer. Cette structure est donc une fois encore celle d'une prise de conscience, mais plus nette et plus ferme qu'au début du roman. Candide, en effet, ébranlé par ce qu'il voit, rejette de plus en plus les idées de Pangloss. Cette révolte lui permet de prendre peu à peu possession de lui-même.

La rencontre du nègre (l. 1 à 10)

Le début du texte contraste avec le mot « félicité » sur lequel s'achevait le paragraphe précédent. Les héros, tout à leur rêve de bonheur, ne s'attendent pas à trouver sur leur chemin un homme dans un état aussi déplorable. Cette rencontre produit un effet pathétique qui frappe leur sensibilité. Le ton n'est plus ici celui de l'ironie ou de l'humour, mais celui de l'émotion et de l'indignation.

La description du nègre est sobre, donnant ainsi au pathétique plus de force. L'esclave se présente aux voyageurs dans une situation d'humiliation : il est « étendu par terre » (l. 2). Son dénuement est traduit par l'adverbe restrictif « ne... que » : « n'ayant plus que la moitié de son habit » (l. 2-3), et par la courte précision : « c'est-à-dire d'un caleçon de toile bleue » (l. 3-4), qui crée une surprise et apporte une surenchère dramatique à l'expression : « moitié de son habit ». L'auteur ne s'apitoie pas ; il constate simplement les infirmités : « il manquait à ce pauvre homme la jambe gauche et la main droite » (l. 4-5). Dans cette présentation réduite au minimum, seuls sont retenus les détails marquants. L'émotion du narrateur et de Candide apparaît néanmoins, concentrée dans l'adjectif « pauvre », qui a dans l'expression « ce pauvre homme » (l. 4) son sens à la fois matériel et affectif.

Ce spectacle pathétique suscite aussitôt chez Candide une réaction émue : « Eh ! mon Dieu ! lui dit Candide en hollandais, que fais-tu là, mon ami, dans l'état horrible où je te vois ? » (l. 5-7). Cette spontanéité est conforme à la nature du héros qui se montre toujours sensible à la souffrance d'autrui. Sa bonté apparaît dans l'appellation affectueuse : « mon ami ». L'intensité de son émotion est soulignée par les tournures interrogatives et exclamatives, ainsi que par l'adjectif « horrible », dont la présence fréquente dans le roman est liée au thème de l'omniprésence des malheurs qui frappent l'homme.

À cela, l'esclave répond sur un ton de soumission : « j'attends mon maître, monsieur Vanderdendur, le fameux négociant » (l. 7-9). L'adjectif « fameux » peut aussi être pris en un sens ironique : le négociant est certes connu, mais plus pour sa cruauté que pour ses vertus.

« Vanderdendur » est un nom-portrait qui contient dans sa forme la fonction et le caractère du personnage. L'allitération [répétition expressive de la même consonne] en *d* fait d'emblée de lui un être ridicule et antipathique : « Van*d*er*d*en*d*ur ». La première partie du nom : « Vander- » nous apprend qu'il s'agit d'un négociant hollandais : « Vander » est la transcription sous une forme hollandaise de l'homonyme « vendeur » ; l'autre partie du nom : « -dendur » nous révèle la méchanceté du personnage : « il a la dent dure ». La suite du roman confirmera ce trait. Une fois de plus chez Voltaire, la fantaisie verbale se met au service de la fiction.

Le discours du nègre (l. 11 à 34)

Le nègre explique alors la raison de son état, en reprenant les trois sujets d'étonnement du début : « caleçon », « main » et « jambe ». Là encore, Voltaire concentre l'effet du pathétique en ne retenant que les détails frappants.

L'expression : « c'est l'usage » (l. 11), pour désigner le traitement dont il a été victime, sous-entend une logique de l'habitude à laquelle semble se soumettre le nègre ; ses malheurs obéissent à une loi supérieure qui n'a d'autre justification que la tradition.

Loin de vouloir apitoyer les voyageurs, l'esclave se contente de juxtaposer sobrement des informations : « On nous donne un caleçon de toile pour tout vêtement deux fois l'année. Quand nous travaillons aux sucreries, et que la meule nous attrape le doigt, on nous coupe la main [on faisait cela pour éviter la gangrène] ; quand nous voulons nous enfuir, on nous coupe la jambe : je me suis trouvé dans les deux cas » (l. 11-17). La résignation du nègre apparaît dans la froide objectivité d'un constat qui s'articule autour des trois expressions parallèles formant une sorte de rengaine tragique : « On nous donne... on nous coupe... on nous coupe... » Cette juxtaposition de faits produit une accumulation qui fait mieux ressortir la cruauté des esclavagistes.

L'esclave ajoute cependant un commentaire critique sur ces informations : « C'est à ce prix que vous mangez du sucre en Europe » (l. 17-18). Ici Voltaire prend la parole par la bouche de son personnage pour dénoncer le scandale. Par cette phrase tendue et incisive, le conte devient pamphlet [court écrit satirique attaquant avec violence un gouvernement, une institution ou un personnage connu]. Ce que Voltaire met en évidence, c'est le décalage monstrueux entre l'insouciance des Européens et les souffrances de ceux qui sont à leur service aux colonies.

Le nègre alors raconte sa vie et dénonce d'une autre façon l'absurdité de l'esclavage, en reprenant le thème de l'optimisme, qui est le sujet du roman. Sa mère lui tient en effet un discours qui ressemble à ceux de Pangloss : « Mon cher enfant, bénis nos fétiches, adore-les toujours, ils te feront vivre heureux ; tu as l'honneur d'être esclave de nos seigneurs les blancs, et tu fais par là la fortune de ton père et de ta mère » (l. 20-24). Elle prêche à son fils l'acceptation de l'ordre établi et le persuade, contre toute évidence, de son bonheur. Par un renversement absurde propre aux raisonnements de Pangloss, la condition d'esclave devient un « honneur » (l. 22).

Les « fétiches », qui sont d'ordinaire des objets matériels adorés par les primitifs, désignent dans ce contexte les prêtres de la religion catholique ; par cette appellation amusante, Voltaire se moque d'elle en la réduisant à du fétichisme.

L'interjection « Hélas ! » introduit une rupture et apporte un démenti à cette promesse de bonheur. Sur un ton désabusé et détaché, le nègre se décrit avec humour : « Je ne sais pas si j'ai fait leur fortune, mais ils n'ont pas fait la mienne » (l. 24-25). Cette attitude de recul vis-à-vis de sa situation lui permet de faire une analyse sévère des rapports de l'Église avec les Noirs. Le passage du « je » au « nous » montre que maintenant il se fait l'avocat de la cause des esclaves en général (l. 27).

Tout d'abord, on ne leur accorde même pas la dignité de la bête. L'indignation du nègre est soulignée par l'accumulation bouffonne d'animaux : « les chiens, les singes et les perroquets » (l. 26), et par l'hyperbole [figure de style consistant à exagérer une expression pour la rendre plus frappante] : « mille fois moins malheureux que nous » (l. 26-27). Le nègre s'en prend alors directement à l'attitude des prêtres à l'égard des Noirs. Voltaire, par sa bouche, dénonce le paradoxe hypocrite qui consiste à convertir les Noirs et à prétendre qu'ils sont les égaux des Blancs, alors que dans les faits ils sont traités comme des sous-hommes : « Les fétiches hollandais qui m'ont converti me disent tous les dimanches que nous sommes tous enfants d'Adam, blancs et noirs. Je ne suis pas généalogiste ; mais si ces prêcheurs disent vrai, nous sommes tous cousins issus de germain » (l. 27-32). Sur un ton poli et détaché, le Noir commence un syllogisme, raisonnement composé de trois propositions dont la troisième dérive nécessairement des deux premières. On pourrait l'énoncer de la manière suivante : comme tous les hommes sont des enfants d'Adam, les Noirs sont les cousins germains des Blancs ; par conséquent, ils doivent être traités à égalité, comme des frères. Mais, dans la réalité, la conséquence ne correspond pas à la logique des deux premières propositions. Et là, le Noir dénonce l'attitude contradictoire et scandaleuse des chrétiens. Sur un ton ironique, il feint de croire qu'ils disent la vérité : « si ces prê-

cheurs disent vrai » (l. 31) ; mais, en développant la logique de la fraternité entre les hommes prônée par le
christianisme, il fait mieux éclater le scandale qu'introduit
fermement « or », la conjonction de coordination : « Or
vous m'avouerez qu'on ne peut pas en user avec ses parents d'une manière plus horrible » (l. 32-34). L'ironie
tourne ici à l'indignation et prend la forme d'un euphémisme, qui décrit poliment, par une expression adoucie, le
sort lamentable fait aux Noirs par leurs soi-disant frères
blancs. L'émotion est concentrée dans l'adjectif
« horrible » (l. 34), mis en relief à la fin de la phrase et faisant dramatiquement écho au même mot employé par
Candide au début du texte (l. 7).

Ce réquisitoire serré fait naître chez le héros un sentiment de révolte.

La révolte de Candide (l. 35 à 42)

Le discours du nègre provoque une évolution capitale
chez Candide. Pour la première fois dans le roman, il rejette fermement les enseignements de Pangloss et
s'avise enfin avec netteté que la réalité les contredit tout
à fait : « – O Pangloss ! s'écria Candide, tu n'avais pas deviné cette abomination ; c'en est fait, il faudra qu'à la fin je
renonce à ton optimisme » (l. 35-37). La révolte se traduit
par l'exclamation pleine de reproche et par le mot « abomination », qui a le sens très fort de chose inspirant horreur et répulsion. L'expression familière « c'en est fait »
affirme la détermination du héros. L'adjectif possessif
« ton » dans l'expression « ton optimisme » a une valeur
péjorative et méprisante. Quant au mot « optimisme », il
est à prendre au sens de système philosophique considé-
rant que tout dans le monde a été conçu pour le mieux. Ce
mot suscite une question naïve du valet : « – Qu'est-ce
qu'optimisme ? disait Cacambo » (l. 37-38) ; l'absence
d'article à « optimisme » présente, d'une manière amusante, le terme comme extraordinaire. Candide répond par
une définition qui résume son expérience : « – Hélas !...
c'est la rage de soutenir que tout est bien quand on est
mal » (l. 38-40). « Hélas ! » exprime ici la détresse, et
l'antithèse qui oppose les adverbes « bien » et « mal »

dénonce l'imposture de cette philosophie. Le mot « rage » en fait une maladie, une folie obstinée.

Le héros accompagne sa déclaration de manifestations physiques témoignant de sa nature sensible et compatissante : « et il versait des larmes en regardant son nègre ; et en pleurant, il entra dans Surinam » (l. 40-42). L'adjectif possessif « son » dans « son nègre » a une valeur affective et sentimentale, qui contraste avec le mépris impliqué par « ton » dans « ton optimisme » (l. 37). La dernière proposition enfin est une parodie d'un passage de l'Évangile (Luc, XIX, 41-44) qui décrit l'entrée du Christ en pleurs dans Jérusalem. Le Christ est par excellence la figure de l'amour et de la compassion. Mais, par ce clin d'œil final à la Bible, Voltaire désamorce en partie le pathétique et fait du lecteur le complice de la fiction.

■■■■ CONCLUSION

L'esclavage illustre ce que Voltaire appellera plus loin dans ce chapitre : « la méchanceté des hommes ». Par le pathétique et par l'ironie, il en dévoile le caractère ignoble afin de secouer la bonne conscience des Européens. Cette page porte en outre un coup supplémentaire à l'optimisme par la dénonciation du paradoxe entre le discours de l'Église catholique et le sort lamentable réservé, dans les faits, aux Noirs. Candide entame alors une évolution décisive : pour la première fois, il se révolte contre les leçons de son maître Pangloss. C'est le début d'une conquête de soi-même qui l'amènera à l'indépendance complète dans le chapitre final.

[La philosophie de Martin]

« Mais vous, monsieur Martin, dit-il au savant, que pensez-vous de tout cela ? Quelle est votre idée sur le mal moral et le mal physique ?
5 – Monsieur, répondit Martin, mes prêtres m'ont accusé d'être socinien ; mais la vérité du fait est que je suis manichéen. – Vous vous moquez de moi, dit Candide ; il n'y a plus de manichéens dans le monde. – Il y a moi, dit Martin ; je ne sais qu'y faire, mais je ne peux penser autrement. – Il faut
10 que vous ayez le diable au corps, dit Candide. – Il se mêle si fort des affaires de ce monde, dit Martin, qu'il pourrait bien être dans mon corps comme partout ailleurs ; mais je vous avoue qu'en jetant la vue sur ce globe, ou plutôt sur ce globule,
15 je pense que Dieu l'a abandonné à quelque être malfaisant ; j'en excepte toujours Eldorado. Je n'ai guère vu de ville qui ne désirât la ruine de la ville voisine, point de famille qui ne voulût exterminer quelque autre famille. Partout les faibles ont en
20 exécration les puissants devant lesquels ils rampent, et les puissants les traitent comme des troupeaux dont on vend la laine et la chair. Un million d'assassins enrégimentés, courant d'un bout de l'Europe à l'autre, exerce le meurtre et le brigan-
25 dage avec discipline pour gagner son pain, parce qu'il n'a pas de métier plus honnête ; et dans les villes qui paraissent jouir de la paix, et où les arts fleurissent, les hommes sont dévorés de plus d'envie, de soins et d'inquiétudes qu'une ville assiégée
30 n'éprouve de fléaux. Les chagrins secrets sont en-

core plus cruels que les misères publiques. En un
mot, j'en ai tant vu et tant éprouvé que je suis manichéen.

– Il y a pourtant du bon, répliquait Candide.
35 – Cela peut être, disait Martin ; mais je ne le
connais pas. »

▬▬▬ INTRODUCTION[1]

La rencontre avec le nègre de Surinam, victime des
cruautés de son maître, met brutalement fin à l'exaltation
de Candide, parti d'Eldorado avec un rêve de puissance et
de bonheur. Monsieur Venderdendur achève de le déses-
pérer, en le dépouillant de ses richesses. Le jeune homme
décide néanmoins de s'embarquer pour l'Europe, où il at-
tendra Cacambo chargé de racheter Cunégonde qui est
devenue la maîtresse du gouverneur de Buenos Aires.
Auparavant, il cherche quelqu'un pour lui tenir compagnie
pendant la traversée ; il choisit finalement un savant
pauvre et persécuté du nom de Martin à qui il paie le
voyage. Pour passer le temps sur le bateau, ils entament
une discussion sur le problème du mal.

Naguère spectateur et victime des événements,
Candide a, depuis Eldorado, une conduite active ; il
cherche maintenant à comprendre sa vie et entreprend
sur l'homme une enquête afin de se faire une opinion personnelle sur les problèmes du mal et du bonheur. Martin
va l'aider dans sa recherche en lui exposant des idées ra-

---

1. Voir note 1 page 18

dicalement opposées à celles de Pangloss. Nous les étudierons dans les deux premières parties de notre travail, avant de préciser l'attitude de Candide face à ce nouveau personnage.

■■■■■ LE THÈME DU MAL

Le mal est l'un des thèmes fondamentaux du roman. On peut le définir comme ce qui cause à l'homme de la douleur et du malheur, mais le problème qu'il pose aux philosophes et aux moralistes est celui de son existence : pourquoi le mal existe-t-il ? Candide en distingue deux sortes : « le mal physique » et « le mal moral » (l. 3) ; le premier concerne l'imperfection du monde qui nous entoure ; le second est lié aux défauts de l'homme, à sa perversité.

Martin donne sa position à ce sujet dans un long discours entouré par deux courts dialogues avec Candide. Il la situe par rapport à des courants de pensée aujourd'hui oubliés, mais qui se sont querellés pendant des siècles. Il refuse ainsi d'être appelé « socinien », comme le font les « prêtres » de Surinam (l. 4-5). Ce mot désigne tout disciple de Socin, réformateur protestant du XVIe siècle, qui fonda à Sienne en Italie une doctrine qui nie l'existence de la Trinité et de la divinité du Christ. Voltaire se moque au passage des nombreux systèmes attachés au nom d'un personnage et dont les débats lui semblent stériles. Martin quant à lui se prétend « manichéen » (l. 6), c'est-à-dire partisan de Manès, chef d'une secte chrétienne du IIIe siècle, qui explique l'univers par la lutte des deux principes antagonistes du Bien et du Mal.

Dans le langage courant, l'adjectif « manichéen » conserve ce sens mais, dans la bouche de Martin, il devient synonyme de « pessimiste », car, pour lui, le principe qui régit tout est le Mal. Ce n'est pas Dieu qui gouverne le monde, mais le « diable » (l. 10-11) ou « quelque être malfaisant » (l. 15-16). Le savant prend d'ailleurs au pied de la lettre la réflexion de Candide : « Il faut que vous ayez le diable au corps » (l. 9-10). L'expression signifie d'ordinaire qu'on déploie pour une cause une énergie passionnée, mais Martin joue avec humour sur son sens pour insister sur l'idée de l'omniprésence du mal et se faire « l'avocat du diable » : « Il se mêle si fort des affaires de ce monde [...] qu'il pourrait bien être dans mon corps comme partout ailleurs » (l. 10-13). Dans l'infini de l'univers, notre monde lui paraît peu de chose ; ce n'est pas un « globe », mais un « globule » (l. 14), le suffixe « -ule » ajoutant au mot une valeur de dénigrement. Aucune Providence ne le régit : « Dieu l'a abandonné » (l. 15). La seule exception néanmoins qui confirme la règle est Eldorado : « J'en excepte toujours Eldorado » (l. 16). Cette réserve est capitale, car Candide aura au moins une référence qui échappe aux idées du savant.

▬▬▬ LES MISÈRES DE LA CONDITION HUMAINE

Pour illustrer son pessimisme, Martin brosse un tableau désolant de la condition humaine. Dans un premier temps, il fait un long catalogue de ce qu'il appelle « les misères publiques » (l. 31) qu'il envisage sous les trois principaux types de rapports entre les individus : celui des « villes » (l. 16-18), celui des « familles »(l. 18-19), celui enfin des « faibles » et des « puissants » (l. 19-21). Un seul sentiment anime ces relations : la haine, qui s'exprime le plus fréquemment par la guerre (l. 22-23). Quant à ceux qui ne la font pas, ils ne sont pas épargnés, car la paix des cités n'est pour Martin qu'une apparence : elles « paraissent jouir de la paix » (l. 27). Les hommes y sont en fait remplis « d'envie, de soins et d'inquiétudes » (l. 28-29) ; le mot « soins » est à prendre ici au sens fort à l'époque de « soucis ». L'idée de la guerre réapparaît d'ailleurs à propos des villes en apparence paisibles, avec l'image de la « ville assiégée [...] de fléaux » (l. 29-30), qui traduit chez Martin une obsession du mal. Il ne s'étend pas sur les malheurs de la vie privée, qu'il appelle « chagrins secrets » (l. 30), car il les juge pires encore ; cette réticence est une façon d'en accroître la gravité.

Rien n'échappe donc au mal : les hommes sont méchants, la vie est un malheur. Ces idées constituent un antidote à l'optimisme et font de Martin un anti-Pangloss. L'opposition apparaît bien sûr dans un « tout va mal » qui remplace le « tout est bien », mais aussi dans la démarche intellectuelle. Tandis que Pangloss plaque sur le monde un système *a priori*, dont les idées précèdent la vérification de l'expérience, et cherche à tout prix à prouver que « tout va pour le mieux dans le meilleur des mondes possibles », même les catastrophes, Martin adopte la démarche inverse pour arriver à une conclusion radicalement opposée : il part de son expérience des faits et, constatant partout la présence du mal, il se déclare manichéen : « En un mot, j'en ai tant vu et tant éprouvé que je suis manichéen » (l. 31-33). Il apporte ainsi à Candide une nouvelle façon de voir qui, même si elle est excessive, se rapproche en tout cas plus de la vérité. Car l'erreur de Pangloss est de partir des idées pour aboutir aux faits, de vouloir imposer à la réalité un ordre qui ne cadre jamais avec elle. Pour Voltaire, Martin a raison de partir de la vie concrète, car on ne peut trouver de bonheur vrai qu'en se fondant sur l'expérience, jamais à partir d'une théorie.

Son personnage va pourtant trop loin et tombe dans le même défaut que Panglosss en donnant à son pessimisme un caractère aussi excessif et absolu que l'optimisme. Son discours en effet est violent et passionné. Cela apparaît dans l'usage de la répétition, qui manifeste son obsession du mal : « ville » (l. 17), « famille » (l. 18 et 19), « partout » (l. 13 et 19), « puissants » (l. 20 et 21), « ville » (l. 27 et 29), « tant » (l. 32). L'accumulation des noms dans la phrase : « Les hommes sont dévorés de plus d'envie, de soins et d'inquiétudes » (l. 28-29), va dans le même sens.

De plus, sa vision déformée de la réalité prend souvent la forme de l'hyperbole [figure de style qui exagère l'expression pour la rendre plus frappante]. Les « faibles » ne détestent pas les « puissants » ; ils les « ont en exécration », mot qui désigne un sentiment d'horreur extrême (l. 20) ; ils ne sont pas à leur service, ils « rampent », ce sont « des troupeaux dont on vend la laine et la chair » (l. 21-22) ; ils ne marchent pas, ils « courent » (l. 23). Une ville en paix est pire qu'une « ville assiégée [...] de fléaux » (l. 29-30).

Enfin, l'emploi fréquent de la proposition consécutive décrit l'intensité de l'amertume et de la rancœur du savant : « Il se mêle *si* fort des affaires de ce monde [...] *qu*'il pourrait bien être dans mon corps » (l. 10-12) ; « j'en ai *tant* vu et *tant* éprouvé *que* je suis manichéen » (l. 32-33). Les subjonctifs « désirât » et « voulût » confèrent aux propositions relatives la même valeur consécutive : « Je n'ai guère vu de ville *qui* (= telle qu'elle) ne *désirât* la ruine de la ville voisine, point de famille *qui* (= telle qu'elle) ne *voulût* exterminer quelque autre famille » (l. 16-19).

Le discours de Martin, malgré ses excès, est cependant séduisant, et l'on peut se demander, en se référant au début du roman, s'il n'est pas de nature à convaincre Candide.

■■■■■ L'ATTITUDE DE CANDIDE FACE AU PESSIMISME DE MARTIN

On peut dire en effet que le discours de Martin résume en quelques lignes toutes les horreurs dont Candide a été le témoin ou la victime dans la première partie du roman. Voltaire, en désavouant son optimisme confiant et en le confrontant à toutes les formes du mal, a apporté par avance une confirmation au pessimisme radical du savant « manichéen ». Le thème de l'omniprésence du mal était au centre des premiers chapitres. Candide y a fait l'expérience du rejet familial lors de son expulsion de Thunder-ten-tronckh, où il était considéré comme un « bâtard » ; il a éprouvé durement la méchanceté des hommes à l'occasion de l'auto-da-fé et de la rencontre avec le nègre de Surinam. Pour ce qui est des « chagrins secrets » (l. 30), il a très vite été séparé de Cunégonde, sa bien-aimée, dont la vie sordide et humiliante a terni son rêve d'amour pur.

Quant à la phrase relative à la guerre, elle doit lui rappeler les horreurs décrites au chapitre 2 : « Un million d'assassins enrégimentés, courant d'un bout de l'Europe à l'autre, exerce le meurtre et le brigandage avec discipline pour gagner son pain, parce qu'il n'a pas de métier plus honnête » (l. 22-26). On y retrouve le même ton vigoureux et révolté. Voltaire ne manque en effet jamais une occasion de dénoncer la guerre et il communique à son personnage sa propre indignation. Pour en montrer le caractère scandaleux, il a recours à l'oxymore qui, en rapprochant dans la même expression deux notions contradictoires, fait éclater un paradoxe. Ainsi, dans la forte alliance de mots : « assassins enrégimentés » (l. 23), l'idée péjorative contenue dans « assassins » s'oppose à celle d'ordre légal impliquée par « enrégimentés ». On retrouve le même schéma dans l'expression : « exerce le meurtre et le brigandage avec discipline pour gagner son pain » (l. 24-25) ; « meurtre et brigandage » s'opposent fortement à « discipline » et à « gagner son paix ». Pour Voltaire, ce qui prime dans la guerre, ce n'est pas le respect du droit, comme veulent le faire croire les chefs, c'est la barbarie. La guerre est donc un meurtre qui se camoufle sous les apparences de la légalité. La dénonciation culmine avec l'expression : « métier [...] honnête » (l. 26), où l'ironie se fait grinçante. L'auteur fait semblant d'adopter le point de vue de ceux qui font sauvagement la guerre en toute impunité, pour mieux en dévoiler la monstruosité. « Honnête » peut d'ailleurs dans cet emploi être synonyme de « rentable ».

Après tous ces malheurs, que Martin lui rappelle, Candide devrait logiquement devenir « manichéen ». Mais ses nombreuses expériences, ajoutées au séjour à Eldorado, l'ont conduit à évoluer et à prendre face aux problèmes une attitude critique.

Pendant les premiers chapitres du roman, Candide était encore un enfant. Il ne pouvait prévoir toutes les formes que prendrait l'absurdité du mal. Heureusement, Eldorado lui fait entrevoir l'image d'un bonheur possible, mais il est brutalement rappelé à la réalité par les malheurs du nègre de Surinam. Il décide alors, après avoir éprouvé une crise décisive où il remet en question son optimisme, d'entreprendre une enquête pour savoir si l'homme est bon ou méchant, et si le bonheur humain est possible. Ce changement capital marque son entrée dans l'âge adulte : à la passivité de l'enfant, il va opposer la volonté positive de l'homme mûr. À partir de là, un mouvement de conquête de soi anime les dix derniers chapitres du livre. Victime des événements dans sa route vers l'Ouest et le Nouveau Monde, Candide commence après Eldorado un retour vers l'Europe qui manifeste son désir de devenir lui-même en s'affranchissant de l'autorité de Pangloss. Et, pour affirmer sa liberté nouvelle, il devient l'ami de Martin, le premier compagnon qu'il ait lui-même choisi. Il cherchait « l'homme le plus à plaindre et le plus mécontent de son sort » (chap. 19). Ce choix est significatif car, en s'adjoignant un pessimiste radical, dont les idées contredisent l'enseignement de Pangloss, Candide montre qu'il veut avoir sur le problème du mal une opinion qui corrige celle de son maître.

Cela se traduit aussi par l'initiative du dialogue. Devant Pangloss, il avait une attitude docile : « Le petit Candide écoutait ses leçons avec toute la bonne foi de son âge et de son caractère » (cf. Texte 1). Avec Martin, en revanche, il pose activement des questions qui orientent le débat : « Mais vous [...] que pensez-vous de tout cela ? Quelle est votre idée sur le mal moral et le mal physique ? » (l. 1-3). Il ne se contente pas de cela, il réagit vivement aux paroles de son interlocuteur : « Vous vous moquez de moi, dit Candide ; il n'y a plus de manichéens dans le monde » (l. 6-8). « Il faut que vous ayez le diable au corps » (l. 9-10). Il sait néanmoins écouter et laisse Martin exposer longuement ses idées, avant de les juger. Par cette attitude active et critique, Candide prouve qu'il veut élaborer une synthèse personnelle en confrontant des points de vue opposés. De la philosophie de Martin, il conservera surtout la démarche qui consiste à faire partir la réflexion de l'expérience concrète. Mais il refuse les conclusions excessives et tranchées auxquelles aboutit le savant. Encore sous l'influence de l'optimisme et par nature foncièrement généreux, il ne voit pas le monde d'une façon aussi noire que lui ; et, sans aller jusqu'aux excès de Pangloss, il croit à l'existence du bien, tel qu'il a pu l'entrevoir notamment à Eldorado. C'est pourquoi il oppose une restriction, soulignée par l'adverbe « pourtant », à l'attitude obstinément négative de Martin : « Il y a pourtant du bon, répliquait Candide. – Cela peut être, disait Martin ; mais je ne le connais pas » (l. 34-36). À force en effet de rencontrer tout et son contraire, Candide en est venu à avoir une vue relative des choses. Le bonheur se situera pour lui entre les positions extrêmes de Pangloss et de Martin. Voltaire nous convie ainsi à nous méfier des systèmes qui ne pri-

vilégient qu'une idée en la développant jusqu'à ses consé-
quences extrêmes ; la vérité est à saisir dans un milieu qui
tienne compte des multiples perspectives avec lesquelles
on peut aborder la vie.

■■■■ CONCLUSION

La scène qui suit notre texte illustre la discussion des
deux interlocuteurs. Une bataille navale se déroule sous
leurs yeux ; ils assistent au naufrage d'un des bateaux et
aux plaintes des mourants. Cela semble d'abord confirmer
la thèse de Martin. Mais on s'aperçoit que le vaisseau
coulé appartient à monsieur Vanderdendur qui a volé
Candide. Ce dénouement le rassure sur l'existence du
bien : « Vous voyez [...] que le crime est puni quelquefois. » Voilà donc pour le jeune homme une occasion nouvelle de nuancer le pessimisme total de Martin. Il lui sera
cependant redevable de fonder toute opinion, même au
plan moral, sur les données de l'expérience. Cette idée
constitue une des revendications majeures de la philosophie des Lumières. Voltaire est en effet de ceux qui abor-
dent la vie avec une lucidité scientifique. Tout raisonnement, y compris en philosophie, doit s'appuyer sur les
faits, et non découler d'une attitude *a priori*, qui subor-
donne la réalité à une idée préexistante comme Dieu ou
l'optimisme du « Tout va pour le mieux dans le meilleur
des mondes possibles ». Mais les conclusions auxquelles
aboutit Martin sont abusives ; car, à force de voir le mal
partout, il tombe dans le travers de Pangloss. En préférant
l'esprit critique à l'esprit de système, Candide en revanche
devient dans cette page un philosophe des Lumières, qui
cherche à dissiper les « ténèbres » entretenues par le fanatisme auquel conduit un point de vue unilatéral sur le
monde.

[Les retrouvailles]

Les premiers objets qui se présentèrent furent Cunégonde et la vieille, qui étendaient des serviettes sur des ficelles pour les faire sécher.

Le baron pâlit à cette vue. Le tendre amant
5 Candide, en voyant sa belle Cunégonde rembrunie, les yeux éraillés, la gorge sèche, les joues ridées, les bras rouges et écaillés, recula de trois pas, saisi d'horreur, et avança ensuite par bon procédé. Elle embrassa Candide et son frère ; on em-
10 brassa la vieille : Candide les racheta toutes deux.

Il y avait une petite métairie dans le voisinage ; la vieille proposa à Candide de s'en accommoder, en attendant que toute la troupe eût une meilleure destinée. Cunégonde ne savait pas qu'elle était en-
15 laidie, personne ne l'en avait avertie ; elle fit souvenir à Candide de ses promesses avec un ton si absolu que le bon Candide n'osa pas la refuser. Il signifia donc au baron qu'il allait se marier avec sa sœur. « Je ne souffrirai jamais, dit le baron, une
20 telle bassesse de sa part, et une telle insolence de la vôtre ; cette infamie ne me sera jamais reprochée : les enfants de ma sœur ne pourraient entrer dans les chapitres d'Allemagne. Non, jamais ma sœur n'épousera qu'un baron de l'Empire. »
25 Cunégonde se jeta à ses pieds, et les baigna de larmes ; il fut inflexible. « Maître fou, lui dit Candide, je t'ai réchappé des galères, j'ai payé ta rançon, j'ai payé celle de ta sœur ; elle lavait ici des écuelles, elle est laide, j'ai la bonté d'en faire

30 ma femme ; et tu prétends encore t'y opposer ! Je
te retuerais si j'en croyais ma colère. – Tu peux me
tuer encore, dit le baron, mais tu n'épouseras pas
ma sœur de mon vivant. »

INTRODUCTION

Après un séjour en France, Candide arrive à Venise. Il y
poursuit son enquête sur l'homme par une visite chez le
riche Pococurante qui, sous une apparence de bonheur,
cache un cœur sceptique et blasé. Après l'*optimisme* et le
pessimisme, Candide découvre le *scepticisme*, qui
consiste, devant l'absurdité de l'existence, à douter de
toutes les valeurs. Mais Pococurante (nom qui signifie en
italien : « qui se soucie peu des choses »), à force de tout
remettre en question, ne s'intéresse plus à rien. Dans son
riche palais vénitien, il traîne son ennui de vivre et un dé-
goût généralisé. Comme l'optimisme aveugle ou le pessimisme radical, le scepticisme absolu conduit donc aussi à
une impasse.

Candide saura se préserver de cet excès, tout en appre-
nant de son hôte à se méfier des idées reçues. De toute
façon, il ne s'estime pas aussi malheureux que Martin ou
que Pococurante, car la quête de Cunégonde, sa bien-aimée, donne un sens à sa vie. Or, Cacambo lui apprend
que, devenue l'esclave d'un Turc, elle « lave des écuelles
sur le bord de la Propontide » (en Turquie actuelle, face à
la mer de Marmara). Après avoir, sur la galère qui l'y
conduit, racheté deux forçats en qui il a reconnu Pangloss
et le baron, il finit par retrouver celle qu'il aime. Trois axes
directeurs guideront notre lecture : le double registre du
vocabulaire, la parodie du roman sentimental, l'évolution
de Candide face à l'amour et au pouvoir.

■■■■■ UN TEXTE À DOUBLE REGISTRE

Le registre noble

Le texte contient un certain nombre de mots et d'expressions qui appartiennent au langage mondain et raffiné de la noblesse. Le mot « objets » (l. 1) n'a pas de connotation péjorative : il désigne d'une façon générale à l'époque ce qui s'offre à la vue et parfois même l'être aimé. « Tendre amant » (l. 4) est un cliché [expression banale et toute faite] ; le mot « amant » a au XVIIIe siècle un sens large et veut dire simplement « personne qui aime ». À cette expression rituelle répond d'ailleurs la formule attendue : « sa belle Cunégonde » (l. 5). « Par bon procédé » (l. 8-9) signifie « par un mouvement de politesse qu'inspire le sens des bonnes manières ».

Le discours du baron s'opposant au mariage de Candide et de Cunégonde imite le style de la tragédie et des romans de chevalerie. Le ton en est grandiloquent, c'est-à-dire emphatique et pompeux. Les mots « bassesse », « insolence », « infamie » (l. 20-21), expriment la morgue du grand seigneur jaloux de ses privilèges. La même prétention apparaît quand il rappelle avec orgueil ses titres. « Les chapitres d'Allemagne » (l. 23) sont les assemblées des grands dignitaires de la noblesse ; « Empire », dans l'expression « un baron de l'Empire » (l. 24), désigne le Saint-Empire romain germanique (regroupant l'ensemble des États allemands jusqu'à la fin du XVIIIe siècle).

L'attitude de Cunégonde qui supplie son frère en « se jetant à ses pieds » et en « les baignant de larmes » (l. 25-26), est traditionnelle dans les romans d'amour de l'époque où les sentiments s'accompagnent toujours d'une manifestation physique et où l'on pleure facilement.

Le registre réaliste

Le langage réaliste représente crûment le côté matériel des choses. Il s'oppose au raffinement de la langue des romans sentimentaux où les aspects grossiers de la vie sont toujours voilés. L'expression « la vieille » (l. 2) pour

désigner une personne âgée est familière et peu respec-
tueuse. « Étendre des serviettes sur des ficelles pour les
faire sécher » (l. 2-3) ou « laver des écuelles » (l. 28-29) ne
sont pas des actions qui conviennent à la dignité d'une héroïne uniquement préoccupée de son amour. Cunégonde
n'a d'ailleurs plus rien de l'amante idéale, « elle est laide »
(l. 29) et inspire l'« horreur » (l. 8). Son portrait est d'un
réalisme anatomique cruel. « Rembrunie » (l. 5-6) veut dire
que la jeune femme a un teint qui tire sur le brun : or, au
XVIIIe siècle, avoir la peau hâlée est une preuve qu'on n'appartient pas au grand monde. Avoir « les yeux éraillés »
(l. 6) signifie avoir les yeux injectés de sang. « Écaillés »
(l. 7) dans l'expression « bras [...] écaillés » suggère que
les bras ont été pelés sous l'action du soleil ou desquama-
més à la suite d'une maladie.

« Maître fou » (l. 26) est une expression du langage familier et bas : elle veut dire qu'on est fou au dernier degré.
La formule : « je t'ai réchappé » (l. 27), dans le sens de
« je t'ai soustrait à », est rare et inusitée ; elle appartient
aussi au langage populaire. Quant à « retuer » dans la
phrase « je te retuerais » (l. 30-31), il s'agit d'un néolo-
gisme [création d'un mot nouveau] qui exprime d'une façon agressive et directe la colère de Candide.

Ce vocabulaire réaliste mêlé au langage soutenu des romans sentimentaux produit un effet comique. Notons que
l'oppositon des deux registres recouvre le conflit du baron
et de Candide : la grandiloquence du noble est battue en
brèche par le langage familier et cru du roturier [personne
qui est de condition inférieure sous l'Ancien Régime].

■ LA PARODIE DU ROMAN SENTIMENTAL

La disparité de ton, due au double registre du
vocabulaire, prouve le caractère essentiellement paro-
dique de ce passage. La parodie consiste à imiter un
genre littéraire dans une intention moqueuse ou comique.
Notre texte contient en l'occurrence un dénouement fréquent dans les romans d'amour (cf. ci-dessus, p. 28) :
après de nombreuses péripéties et l'élimination des obs-

tacles qui le séparaient d'elle, le héros retrouve enfin sa bien-aimée et l'épouse. Or, Cunégonde est laide et ne répond plus à l'attente de Candide. De ce décalage entre une situation romanesque traditionnelle et une réalité triviale va naître le comique. La première phrase donne le ton : la proposition principale laisse présager une scène de retrouvailles euphoriques où les héros vont pouvoir enfin donner libre cours à leur passion : « Les premiers objets qui se présentèrent furent Cunégonde et la vieille » (l. 1-2) ; mais vient une proposition relative, qui brise le bonheur attendu par l'introduction d'une scène réaliste : « qui étendaient des serviettes sur des ficelles pour les faire sécher » (l. 2-3).

Ce dérapage comique apparaît aussi dans la description de Cunégonde : « Le tendre amant Candide, en voyant sa belle Cunégonde rembrunie, les yeux éraillés, la gorge sèche, les joues ridées, les bras rouges et écaillés, recula de trois pas, saisi d'horreur » (l. 4-8). Les adjectifs « tendre » et « belle » ne sont ici que des clichés qui entrent en contradiction avec « l'horreur » de la vérité. Le comique est accentué par le rythme octosyllabique et la rime en é :

> rembrunie, les yeux éraillés,
> la gorge sèche, les joues ridées,
> les bras rouges et écaillés

L'illusion amoureuse sur laquelle vivait Candide s'évanouit piteusement.

Voltaire s'amuse aussi à parodier le langage héroïque des nobles qui revendiquent avec arrogance leurs titres, alors que dans les faits ils n'ont plus aucun pouvoir. Le baron use de mots excessifs et grandiloquents qui détonnent avec sa situation de galérien servile et sans ressources. L'emphase de son discours est soulignée par le rythme binaire et la répétition hautaine de l'adjectif « telle » : « Je ne souffrirai jamais [...] une *telle* bassesse de sa part, et une *telle* insolence de la vôtre » (l. 19-21). La disproportion entre son discours de maître et la réalité de sa condition d'esclave fait de lui un pantin ridicule et caricatural.

■■■■ L'ÉVOLUTION DE
CANDIDE FACE À
L'AMOUR ET AU POUVOIR

La désillusion de l'amour

L'amour est l'un des moteurs de l'action au cours du roman. Les pérégrinations de Candide sont motivées par le désir de « revoir mademoiselle Cunégonde ». Mais celle pour laquelle il a parcouru le monde est-devenue une créature « enlaidie » (l. 14-15) et repoussante : « Candide, en voyant sa belle Cunégonde [...] recula de trois pas, saisi d'horreur » (l. 7-8). Au chapitre 8, encore aveuglé par son désir, il l'aimait passionnément, malgré la vie grossière et avilissante qu'elle menait. Maintenant son rêve d'amour est bien fini : il avance vers elle seulement « par bon procédé » (l. 8-9), et il ne se résout à l'épouser que pour tenir « ses promesses » (l. 16). Il a donc vécu dans l'illusion pour une femme qui ne correspondait nullement à l'image pure et parfaite qu'il se faisait d'elle. Cunégonde étendant du linge ou lavant des écuelles le met cruellement devant une réalité irréfutable.

La conclusion à laquelle nous invite Voltaire est que l'amour romanesque est une illusion complète qui ne peut mener qu'au malheur, car elle préexiste à l'expérience. Le roman s'est attaché à ruiner à travers le personnage de Cunégonde cette fausse conception de l'amour. Mais cette entreprise destructrice n'est pas entièrement négative. Malgré sa répulsion, Candide épouse Cunégonde. Cela veut dire que commencent entre eux des relations peut-être dérisoires, mais qui correspondent à la vérité des faits. Si donc l'amour existe, il ne doit pas être la projection sur la vie d'une vision romanesque de la passion, vision inévitable lorsque Candide était encore adolescent, mais l'acceptation lucide de la réalité avec ses imperfections. Pour aboutir à cette sagesse, il aura fallu qu'il endure beaucoup de déceptions.

Un renversement de pouvoir

Ce texte marque la fin du règne nobiliaire incarné par le baron de Thunder-ten-tronckh et la conquête du pouvoir par Candide. Il n'est plus l'enfant docile qui acceptait l'ordre établi, mais un homme mûr qui tient tête à l'arrogance de son ancien maître. Le tutoiement dont il use pour lui parler et la fermeté du ton de ses propos (l. 26-31) montrent que le rapport de supériorité s'est inversé en sa faveur et qu'il a désormais l'initiative et le contrôle de la situation.

Cela n'empêche d'ailleurs pas le baron de camper obstinément sur ses positions : « Tu peux me tuer encore [...] mais tu n'épouseras pas ma sœur de mon vivant » (l. 31-33). Voltaire apporte ici une conclusion à sa critique de la noblesse à laquelle il reproche son immobilisme et sa prétention. Grâce aux derniers diamants d'Eldorado, Candide possède un pouvoir objectif, mais le baron s'acharne à vouloir conserver l'autorité, bien qu'il soit devenu un galérien pauvre et asservi. Depuis le début du roman, il n'a pas varié sur la question du mariage de sa sœur avec Candide. Ce conservatisme et cet aveuglement sont pour Voltaire caractéristiques de la noblesse en cette seconde moitié du XVIIIe siècle. Elle s'accroche coûte que coûte à ses privilèges sans voir que la bourgeoisie, enrichie par les affaires, a un pouvoir grandissant. La Révolution de 1789 ne fera que confirmer sur le plan politique une situation déjà mûre économiquement.

Il est intéressant à cet égard de souligner dans notre texte le rôle de l'argent qui transforme la condition sociale de Candide et lui permet de contrôler la situation. Il « rachète » (l. 10) Cunégonde et la vieille ; il achète « une petite métairie » (l. 11) pour accueillir ses compagnons ; il ne manque pas enfin de rappeler au baron sa supériorité financière : « j'ai payé ta rançon, j'ai payé celle de ta sœur » (l. 27-28). Le transfert des richesses a donc changé le rapport social : parce qu'il est riche et le baron pauvre, Candide peut prétendre épouser Cunégonde. Son autorité nouvelle se fonde donc sur un pouvoir économique.

■■■■ CONCLUSION

Voltaire adresse au romanesque amoureux et à l'aristocratie du XVIIIe siècle le même reproche qu'à la philosophie optimiste de Pangloss : celui de se repaître d'illusions et de négliger les faits. L'éducation sentimentale de Candide s'achève sur une désillusion et un échec. Celle qui lui a fait endurer tant de misères, pour qui il a quitté le paradis d'Eldorado, apparaît à la fin comme une créature qui ne présente plus aucun intérêt. Son idéal est détruit, mais cela ne veut pas dire que l'amour n'existe pas. En épousant une Cunégonde débarrassée des illusions romanesques, Candide commence une vie plus modeste, mais aussi plus authentique. Dans le domaine politique, on assiste dans cet extrait à une passation du pouvoir. Fort de son argent et de son désir de travailler, Candide considère qu'il n'a plus à subir l'autorité du baron, qui sera remis aux galères. Il exprime, en cette seconde moitié du XVIII⁰ siècle, l'idéologie de la bourgeoisie : enrichie par son travail, elle revendique une partie du pouvoir politique et, au nom du progrès, cherche à s'affranchir de la tutelle nobiliaire.

[Le jardin]

Candide, en retournant dans sa métairie, fit de profondes réflexions sur le discours du Turc. Il dit à Pangloss et à Martin : « Ce bon vieillard me paraît s'être fait un sort bien préférable à celui des
5 six rois avec qui nous avons eu l'honneur de souper. – Les grandeurs, dit Pangloss, sont fort dangereuses, selon le rapport de tous les philosophes ; car enfin Eglon, roi des Moabites, fut assassiné par Aod ; Absalon fut pendu par les cheveux et
10 percé de trois dards ; le roi Nadab, fils de Jéroboam, fut tué par Baasa ; le roi Ela, par Zambri ; Ochosias, par Jéhu ; Athalia, par Joïada ; les rois Joachim, Jéchonias, Sédécias, furent esclaves. Vous savez comment périrent Crésus,
15 Astyage, Darius, Denys de Syracuse, Pyrrhus, Persée, Annibal, Jugurtha, Arioviste, César, Pompée, Néron, Othon, Vitellius, Domitien, Richard II d'Angleterre, Édouard II, Henri VI, Richard III, Marie Stuart, Charles Ier, les trois
20 Henri de France, l'empereur Henri IV ? Vous savez... – Je sais aussi, dit Candide, qu'il faut cultiver notre jardin. – Vous avez raison, dit Pangloss ; car quand l'homme fut mis dans le jardin d'Éden, il y fut mis *ut operaretur eum*, pour qu'il y tra-
25 vaillât ; ce qui prouve que l'homme n'est pas né pour le repos. – Travaillons sans raisonner, dit Martin ; c'est le seul moyen de rendre la vie supportable. »

Toute la petite société entra dans ce louable des-
30 sein ; chacun se mit à exercer ses talents. La petite
terre rapporta beaucoup. Cunégonde était, à la vérité, bien laide ; mais elle devint une excellente
pâtissière ; Paquette broda ; la vieille eut soin du
linge. Il n'y eut pas jusqu'à frère Giroflée qui ne
35 rendît service ; il fut un très bon menuisier, et
même devint honnête homme ; et Pangloss disait
quelquefois à Candide : « Tous les événements
sont enchaînés dans le meilleur des mondes possibles : car enfin, si vous n'aviez pas été chassé
40 d'un beau château à grands coups de pied dans
le derrière pour l'amour de mademoiselle
Cunégonde, si vous n'aviez pas été mis à
l'Inquisition, si vous n'aviez pas couru l'Amérique
à pied, si vous n'aviez pas donné un bon coup
45 d'épée au baron, si vous n'aviez pas perdu tous vos
moutons du bon pays d'Eldorado, vous ne mangeriez pas ici des cédrats confits et des pistaches.
– Cela est bien dit, répondit Candide, mais il faut
cultiver notre jardin. »

■■■■■ SITUATION ET SUJET

Avec les derniers diamants d'Eldorado, Candide achète
une « petite métairie », où il réunit tous ses compagnons.
Pour compléter son enquête philosophique sur les problèmes du mal et du bonheur, il est allé consulter un derviche (religieux musulman appartenant à une confrérie) et
un vieillard, deux figures traditionnelles de la sagesse. Le
premier déclare qu'il faut se taire sur ce qu'on ne peut pas
comprendre. Le second préconise le travail comme re-
mède au malheur humain. Candide rentre alors dans sa
métairie et met en pratique ces enseignements.

COMPOSITION ET MOUVEMENT

Le texte comprend deux grands mouvements. Le premier est surtout occupé par un long discours de Pangloss sur la fragilité des grandeurs humaines, interrompu par un bref commentaire de Candide et de Martin qui prônent la nécessité du travail (l. 1-28). La seconde partie a une structure parallèle à la première. Après une description de la petite communauté au travail, Pangloss entame un nouveau développement, une dernière fois arrêté par Candide qui l'invite à l'action (l. 29-49). Par l'importance quantitative, la parole de Pangloss prédomine, mais le mot de la fin est laissé à Candide. Parvenu, au terme de son apprentissage intellectuel, à la maturité, il peut répliquer à son maître et donner la leçon du livre.

Le salut par le travail (l. 1 à 28)

La maturité de Candide se traduit dans la première phrase par l'expression « profondes réflexions » (l. 2) et par le retour dans « sa métairie » (l. 1) qui exprime physiquement un retour sur soi-même. Il réfléchit sur les paroles du « bon vieillard » (l. 3) dont la leçon est que le travail procure un bonheur simple, mais plus sûr que les grandeurs illusoires des « six rois » détrônés que Candide a rencontrés à Venise (l. 5-6).

Pangloss entame alors une tirade sur le thème conventionnel de la fragilité des grandeurs royales : « Les grandeurs [...] sont fort dangereuses, selon le rapport de tous les philosophes » (l. 6-7). Ce lieu commun entraîne la prolifération d'un discours qui énumère les grands rois de l'histoire universelle ayant fini misérablement. Il suit l'ordre chronologique : après les rois de la Bible (l. 8-14) et ceux de l'Antiquité gréco-romaine (l. 14-17), défilent ceux de l'époque moderne (l. 18-20). Cette longue accumulation prouve que Pangloss n'a rien compris à la consigne du « Te taire » prononcée plus haut par le derviche. Comme toujours, il cède à un entraînement rhétorique et au plaisir de la parole pour elle-même. Rabâchant avec chaque nouveau roi la même idée, il n'est plus qu'une mécanique verbale qui s'emballe et tourne à vide. Les points de suspension (l. 21) soulignent l'automatisme et la sclérose de sa pensée ; ils suggèrent l'inutilité d'un discours qui pourrait durer à l'infini.

Mais le disciple coupe sèchement la parole à Pangloss : « – Je sais aussi, dit Candide, qu'il faut cultiver notre jardin » (l. 21-22). Il possède maintenant une autorité qui lui permet de se soustraire à l'autorité du maître. Le « Je sais » est l'affirmation péremptoire d'une connaissance fondée sur l'expérience vécue. L'expression « il faut » implique à la fois une obligation physique et une prescription morale ; autrement dit, il n'est pas d'autre possibilité de salut sur terre. « Cultiver » est un verbe d'action qui précise en l'intensifiant le verbe « travailler » utilisé par Martin (l. 26). Il suppose un processus de civilisation qui transforme rationnellement la nature. L'adjectif possessif « notre » exprime la personnalisation affective de l'entreprise et insiste sur son caractère communautaire. Pour échapper à l'angoisse et à l'ennui, les hommes doivent se regrouper et participer à une œuvre collective. Avec le mot « jardin », on passe du point de vue général et creux de l'histoire universelle des rois au point de vue particulier du petit domaine. Cette limitation condamne les discours qui ne débouchent pas sur l'action concrète. Le mot « jardin » a donc d'abord un sens physique et géographique. Il s'agit d'une petite entreprise agricole, qui permet à chacun des membres de la communauté d'assurer sa subsistance et de se rendre utile. Il renvoie à l'idéal de certains penseurs de l'époque appelés « physiocrates », qui considéraient que le progrès reposait principalement sur le développement de l'agriculture. Le terme fait en outre écho au paradis perdu décrit dans la Genèse [premier livre de la Bible], endroit mythique où l'homme jouissait d'une félicité parfaite et éternelle. Il constitue le troisième lieu emblématique du roman. Thunder-ten-tronckh fut pendant longtemps pour Candide l'image du « paradis terrestre ». L'utopie d'Eldorado est apparue ensuite comme la révélation d'un monde idéal fournissant une alternative à cette référence primordiale. Avec le « jardin » nous est proposé un ultime symbole du bonheur, qui abandonne les fausses valeurs de Thunder-ten-tronckh et prend la perfection d'Eldorado pour modèle. À l'opposé des systèmes *a priori* qui spéculent sur les fins dernières de la destinée humaine et placent le paradis dans un au-delà hypothétique, Voltaire définit une sagesse pratique fondée sur le travail et tournée vers l'action.

Malgré le ton calme et assuré de Candide, Pangloss ne désarme pas et poursuit sa logorrhée [flux de paroles inutiles]. Avec obstination, il fait appel, pour expliquer la situation présente, à la métaphysique [recherche intellectuelle qui vise à découvrir la vérité au-delà de l'expérience concrète]. Il cite en l'occurrence et interprète avec une érudition pédante la Genèse : « Car quand l'homme fut mis dans le jardin d'Éden, il y fut mis *ut operaretur eum*, pour qu'il y travaillât ; ce qui prouve que l'homme n'est pas né pour le repos » (l. 23-26). La référence au « jardin d'Éden » souligne à nouveau l'importance que joue dans ce texte le motif du paradis. Mais Pangloss l'utilise seulement pour reprendre à son compte un dogme chrétien : le travail est un châtiment que Dieu a imposé à l'homme pour le rachat de ses péchés. Il n'est pas, comme pour Voltaire ou pour Candide, l'expression de la liberté humaine, il est une souffrance et une malédiction. Une fois encore avec des « car », « quand », « pour que », « ce qui prouve que », Pangloss tente de donner à ce raisonnement *a priori* une apparence logique et irréfutable.

À cet apriorisme forcené s'oppose comiquement la résignation de Martin : « Travaillons sans raisonner [...], c'est le seul moyen de rendre la vie supportable » (l. 26-28). Son pessimisme radical le pousse à refuser toute spéculation métaphysique, mais aussi le moindre raisonnement. Pour lui, la vie est un malheur qui s'accroît dès qu'on commence à y réfléchir. Candide, en donnant un sens à son action, échappe à cette conception trop négative.

La primauté de l'action (l. 29 à 49)

Voltaire décrit alors la vie de la petite communauté. Le « Travaillons sans raisonner » de Martin devient un « louable dessein » (l. 29-30) qui sert, au moins pour commencer, de moteur à l'activité. Mais cela suppose l'harmonie des activités et la possibilité pour chacun de s'épanouir dans le domaine qui lui est propre : « Chacun se mit à exercer ses talents » (l. 30). La réussite couronne l'effort puisque : « La petite terre rapporta beaucoup » (l. 30-31). Devenu une exploitation agricole florissante, le « jardin » remplace le monde illusoire de Thunder-ten-tronckh et l'utilité productive succède, pour définir chacun, aux privilèges de la naissance. Ce changement de condition montre combien, à la fin du XVIIIᵉ siècle, le pouvoir de la noblesse est peu à peu supplanté par celui d'une bourgeoisie enrichie par le travail. Voltaire donnait lui-même l'exemple dans sa propriété de Ferney. Le travail en outre transforme les individus. Cunégonde est « laide », mais « elle *devint* une excellente pâtisserie » (l. 32-33) ; frère Giroflée « fut un très bon menuisier, et même *devint* honnête homme » (l. 35-36). Cette métamorphose suggère l'idée que le travail peut apporter aussi un perfectionnement moral. Sa pratique civilise l'individu et lui permet de *devenir* « honnête homme ». Il n'est plus dès lors considéré comme un châtiment imposé par Dieu, mais comme une rédemption laïque et libératrice. Cette sagesse illustre exactement la maxime du vieillard consulté par Candide : « Le travail éloigne de nous trois grands maux, l'ennui, le vice et le besoin. »

Pangloss, lui, ne fait rien. Il continue à parler et son obstination se traduit par un long discours d'une seule phrase qui vise à justifier sa conception aprioriste de la vie. Il reprend d'abord le leitmotiv de sa philosophie : « Tous les événements sont enchaînés dans le meilleur des mondes possibles : car [...] » (l. 37-39). Le « car » introduit un exemple qui est en fait un résumé du roman (l. 39 à 47) ; mais cette conjonction de coordination abuse à nouveau du lien de causalité. On peut en effet résumer son raisonnement de la façon suivante : tout va pour le mieux, car si vous n'aviez pas eu tous ces malheurs, vous ne seriez pas ici. Pangloss veut montrer qu'il existe une harmonie *a priori* où tout s'enchaîne selon un ordre rigoureux et prévu. Mais, en fait, son raisonnement est une justification tout à fait gratuite de la situation présente. Les aventures de Candide, qui se sont déroulées dans le plus grand des hasards et qui n'ont été le plus souvent que des déboires, sont présentées ici comme obéissant à une intention supérieure. Cette philosophie ridicule est dénoncée par l'effet comique de la phrase : une disproportion absurde apparaît entre la cascade interminable de conditionnelles qui racontent la vie de Candide (l. 39 à 46) et la courte proposition principale qui présente une action réduite et dérisoire : « vous ne mangeriez pas ici des cédrats confits et des pistaches » (l. 46-47). La montagne accouche d'une souris.

À travers ce dernier morceau de bravoure, Voltaire critique encore l'abus du discours totalitaire et dogmatique qui légitime tout et remplace la réalité par des concepts. D'une cohérence trompeuse, ne s'appuyant pas sur l'analyse des faits, ce discours conduit à l'immobilisme et interdit le progrès. Mais au-delà de Pangloss est dénoncée la tentation de tout intellectuel qui, à force de confondre les mots et les choses, s'enferme dans un système qui n'a plus de rapport avec la vie.

Candide quant à lui préfère l'action et conclut avec fermeté : « Cela est bien dit [...] mais il faut cultiver notre jardin » (l. 48-49). L'expression « Cela est bien dit » signifie que le discours de Pangloss est bien tourné, parfaitement réussi sur le plan rhétorique. Mais ce bavard impénitent n'a fait qu'une belle phrase qui tombe à plat, car elle est vide de sens. Elle est aussitôt congédiée par la conjonction « mais » qui introduit le mot de la fin dont la brièveté s'oppose aux interminables propos de Pangloss. Une fois encore, à un point de vue panoramique prétendant rendre compte de la totalité du monde, succède un gros plan sur le « jardin ». Candide renonce une fois pour toutes aux questions vaines sur le sens de la vie et de l'univers. Devenu adulte, il prend le monde tel qu'il est et plaide pour une sagesse à la portée des hommes de bonne volonté. La répétition du mot d'ordre : « il faut cultiver notre jardin », souligne sa détermination lucide et courageuse.

■■■■ CONCLUSION

Ce texte apporte une conclusion à l'évolution intellectuelle et morale de Candide. Mûri par l'expérience, il s'est libéré des illusions de l'enfance et réunit dans sa métairie les conditions d'un bonheur limité, mais solide.

En philosophe des Lumières, il vit sous la conduite de la raison, faculté dont l'exercice permet de tenir sur le monde un discours juste. Son langage est maintenant parfaitement adéquat à la réalité : il voit les choses telles qu'elles sont et non plus à travers les lunettes déformantes d'un système.

Pangloss, en revanche, manifeste un entêtement incurable. Il personnifie les dangers du fanatisme et du totalitarisme, qui, sous un discours à la rigueur apparente, maintiennent l'ordre établi, l'erreur et l'injustice.

L'entreprise du « jardin » peut sembler au bout du compte modeste, mais elle n'est qu'un début. L'essentiel pour Candide et ses amis est d'avoir enfin trouvé un sens à leur vie et une méthode à leur action. Car, pour Voltaire, les actes sont préférables aux paroles. Mieux vaut construire une civilisation par le travail et réaliser concrètement le bonheur plutôt que s'enfermer dans la logique d'un système stérile.

Achevé d'imprimer en France par la Nouvelle Imprimerie Laballery
Dépôt légal : 74073-2/14 – Mai 2019 – N° d'impression : 904322